FOTOGRAFIE DES GEGENWÄRTIGEN
PHOTOGRAPHY OF PRESENCE

HOLGER KUBE VENTURA

edition cantz

KUNSTMUSEUM
REUTLINGEN
KONKRET

INHALT / CONTENTS

An Ort und Stelle. Fotografie des Gegenwärtigen

Kann es Fotografien geben, die konkrete Orte repräsentieren? Angesichts der täglich verfügbaren Flut touristischer, werbender und dokumentarischer Bilder, die Gegenden oder Umgebungen zeigen, erscheint diese Frage zunächst überflüssig. Erst bei genauerer Betrachtung erweist sich die Distanz zwischen der visuellen Erfahrbarkeit von Orten und Stellen in Außen- oder Innenräumen und den davon generierten Medienbildern. In der Ausstellung *An Ort und Stelle. Fotografie des Gegenwärtigen* im Kunstmuseum Reutlingen / konkret wird sie zum Thema: Wie kann künstlerische Fotografie die Kluft zwischen raumbezogener Realität und fotografischem Bild beschreiben und das Gegenwärtige zum Zeitpunkt der indexikalischen Aufnahme sichtbar machen? Gerade wegen der heutigen Omnipräsenz digitaler und virtueller Bildwelten scheint die Antwort darauf wieder zunehmend im Bereich der aus dem analogen Zeitalter bekannten Aufnahmetechniken zu liegen. Mit ortsspezifischen Konzepten und über Bild- oder Zeitausschnitt, selektiven Schärfebereich, Licht- und Farbregie et cetera kann künstlerische Fotografie das Gesehene formalisieren und Gegenwärtigkeit erscheinen lassen – umso mehr, wenn sie dabei gleichermaßen die renitente Wirklichkeit an Ort und Stelle behauptet wie die Brüchigkeit und Subjektivität ihrer eigenen Konstruktion.

Der Begriff der Gegenwärtigkeit meint hier nicht nur Präsenz – sowohl im räumlichen Sinne von Anwesenheit als auch im zeitlichen Sinne von Gegenwart –, sondern darüber hinaus ein gewisses Faszinosum. Bei der Street Photography – jenem Genre der künstlerischen Fotografie, das am stärksten mit Gegenwärtigkeit in Verbindung gebracht wird – liegt es in der Einzigartigkeit eines Ereignisses im öffentlichen Raum: Straßenfotografie sucht nach der Magie des Moments im Zufall der Situation – um das Wesentliche von Ort und Zeit wiederzugeben. Und »es gibt nichts auf der Welt, das nicht einen entscheidenden Augenblick hätte«, stellte Henri Cartier-Bresson fest.[1] Seitdem die Verbreitung von Kleinbildkameras und Belichtungsmessern in den 1930er-Jahren das diskrete und spontane Fotografieren im urbanen Raum ermöglicht hatte, prägte die nicht inszenierte, authentische (und oft sozialkritische) Straßenfotografie insbesondere mit Bildern aus Paris und New York wie kein anderes Genre die Geschichte des Mediums im 20. Jahrhundert.[2]

[1] Vgl. Henri Cartier-Bresson, zit. nach: https://www.faz.net/aktuell/feuilleton/kunst/meister-des-moment-decisif-der-fotograf-henri-cartier-bresson-ist-tot-1176761.html

[2] Vgl. Andreas Stelter, »Street Photography«, in: http://www.kaipho.com/street.htm

On the Spot. Photography of Presence

Can photographs that represent concrete sites exist? In view of the daily flood of tourist, advertising, and documentary images depicting regions or environments, this question seems superfluous at first. Only on closer inspection does the distance between the visual experience of sites and places in indoor or outdoor spaces, and the media images generated by them, become apparent. In the exhibition *On the Spot. Photography of Presence* at the Kunstmuseum Reutlingen / konkret, this becomes the theme: How can artistic photography describe the gap between spatial reality and photographic image as well as visualize the present at the time the indexical photograph was taken? Precisely because of the contemporary omnipresence of digital and virtual imagery, the answer to this seems to lie increasingly in the field of imaging techniques from the analog age. Artistic photography can formalize what has been seen and make it appear present with site-specific concepts and via image detail or time frame, selective focus range, lighting and color design etc. – all the more so when it asserts both the intractable reality on the spot and the fragility and subjectivity of its own construction.

The concept of the present is used here not only to denote presence – both in the spatial sense of being physically present and the temporal sense of the present time – but also a certain fascination. In street photography – the genre of artistic photography that is most strongly associated with presence – it is a matter of the uniqueness of an event in the public space: Street photography seeks the magic of the moment in the coincidence of the situation – in order to reflect the essence of a specific place and time. And, as Henri Cartier-Bresson noted: "There is nothing in this world that does not have a decisive moment."[1] Ever since the widespread use of 35mm cameras and light meters in the 1930s made discreet and spontaneous photography in urban spaces possible, unstaged, authentic (and often socially critical) street photography, especially with images from Paris and New York, has shaped the history of the medium in the twentieth century like no other genre.[2]

[1] Henri Cartier-Bresson, quoted in: https://www.faz.net/aktuell/feuilleton/kunst/meister-des-moment-decisif-der-fotograf-henri-cartier-bresson-ist-tot-1176761.html.

[2] See: Andreas Stelter, "Street Photography," in: http://www.kaipho.com/street.htm

Wolfgang Zurborn steht in dieser Tradition der Suche nach dem unwiederholbaren Moment einer bestimmten Konstellation. Seine an Ort und Stelle auf der Straße (nicht im Studio oder am Rechner) entstandenen Bilder der Serien *Drift* und *Catch* verschmelzen multiple Beobachtungen zu einem Echtzeit-Geflecht aus simultan verlaufenden, flüchtigen Ereignissen. Weil Zurborn durch die Wahl von Aufnahmestandort, Einstellungsgröße und Ausschnitt in seinen meist hochformatigen Arbeiten Vorder-, Mittel- und Hintergrund zusammenzwingt, wirken sie oft rätselhaft und collagiert. Tatsächlich aber gibt es dort keine abstrakten Bildstellen: Jedes Element ist stets identifizierbar und folgt der räumlichen Logik des jeweiligen Ortes. Die Visualität des Gezeigten ist zwar ungewöhnlich (und dadurch höchst attraktiv), aber dennoch immer auf eine bestimmte analoge Gestaltungstechnik zurückführbar: Die zuweilen surreal anmutenden Bilder zeigen ihre konkrete Basis in der Realität. Und wie im Nebenbei werden dadurch geläufige, von Zurborn eben nicht eingesetzte, digitale Kompositionstricks entmystifiziert.

Auffällig sind bei Zurborns Fotografien die energetische Licht- und Farbregie, die Vermeidung jeglicher Bewegungsunschärfe sowie der virtuose Umgang mit der Bildmitte. Sie wird vom Künstler stets entweder stark betont, frei gehalten oder dynamisiert (etwa durch schräge Achsen), wodurch sich Zentrum und Peripherie vermischen und miteinander konkurrieren. Gleiches gilt für verschiedene Wirklichkeitsebenen, die dekonstruktiv aufeinander geführt werden, um Metaräume zu erschaffen: Konkrete Dinge sind genauso bildrelevant wie die von ihnen geworfenen Schatten oder ihre Spiegelungen; Fragmente von Plakaten können Gegenden zeigen, die sich mit dem realen Aufnahmeort oder dortigen Durchblicken verbinden; Fetzen von Textbotschaften auf der Straße können die Szene sowohl semantisch als auch lautmalerisch dramatisieren. Den Affichisten des Nouveau Réalisme nicht unähnlich sind auch in Zurborns Bildern alle Bestandteile ebenbürtig, entfalten ihre Kraft auf verschiedenen Ebenen und rotieren umeinander. Statt eines Hauptthemas verhandeln die Fotografien mehrere Nebenthemen zugleich und erscheinen deshalb als semiotische Untersuchungen des urbanen Raums.[3] »Zurborns Bilder sind nicht zuletzt eindrucksvolle Open-Air-Farb-Licht-Feuerwerke, Partituren voller impulsiver musikalischer Rhythmik, wie sie nur in der verwickelten Bewegung eines freien, schweifenden Blicks nachvollziehbar sind«, lautet Peter V. Brinkempers Urteil.[4]

Jede dieser Fotografien ist ein Solitär (nicht Teil einer Erzählung), der an einem bestimmten Ort, an einer bestimmten Stelle, zu einer bestimmten Zeit gefunden wurde. Zugleich ist jede dieser Fotografien eine Konstruktion, die ebendiese Parameter grundsätzlich verunsichert und daraus Funken des Gegenwärtigen schlägt. Anschaulich werden dabei die schöne Unaufgeräumtheit und das widerständige Eigenleben der nächsten Umgebung – oder der Welt.

[3] Vgl. Wolfgang Zurborn, in: *ProfiFoto – Magazin für Fotokultur und -technik*, Nr. 6, 2016, S. 47.

[4] Peter V. Brinkemper, »Drift – eine neue Kunst fotografischer Navigation«, in: Wolfgang Zurborn, *Drift*, Heidelberg: Kehrer, 2007, o. A.

Wolfgang Zurborn stands in this tradition of the search for the unrepeatable moment of a particular constellation. His photos from the series *Drift* and *Catch*, shot on site on the street (not photographed in the studio or created on the computer), merge multiple observations into a real-time plexus of simultaneous, fleeting events. Because Zurborn's choice of shooting location, aperture size, and detail in his predominantly vertical-format works forces the foreground, middle ground, and background together, they often appear enigmatic and collaged. In fact, however, there are no abstract image areas: Each element is always identifiable and follows the spatial logic of the respective location. Although the visuality of what is depicted may be unusual (and thus highly attractive), it is always attributable to a particular analog design technique: The at times surreal images reveal their concrete basis in reality. What's more, and as though incidentally, common digital composition tricks not used by Zurborn are demystified.

What is striking about Zurborn's photographs is the energetic lighting and color design, the avoidance of any blurring of movement, and the virtuoso handling of the center of the image. It is always strongly emphasized by the artist, kept free, or dynamized (for example by diagonal axes), whereby center and periphery coalesce and compete with each other. The same applies to dif-fer-ent levels of reality, which are deconstructively brought together to create meta-spaces: Concrete things are just as relevant pictorially as the shadows they cast or their reflections; fragments of posters can reveal areas that connect with the real shooting location or vistas found there; snippets of text messages on the street can dramatize the scene both semantically and onomatopoetically. Not unlike the affichistes of Nouveau Réalisme, all components in Zurborn's pictures are equal, unleash their power on different levels, and rotate around each other. Instead of one main theme, the photographs simultaneously negotiate several secondary themes and thus appear as semiotic investigations of the urban space.[3] "Zurborn's photos are not least of all impressive open-air color-light fireworks, musical scores full of impulsive musical rhythm, which are only comprehensible in the entangled movement of a free, wandering gaze," Peter V. Brinkemper assesses.[4]

Each of these photographs stands on its own (is not part of a narrative), records a moment that was found at a particular site in a particular place at a particular time. At the same time, each of these photographs is a construction that fundamentally upsets these very parameters – and, from this, produces sparks of presence. The beautiful untidiness and the resistant independent existence of the immediate surroundings – or of the world – are vividly presented.

[3] See: Wolfgang Zurborn, in: *ProfiFoto – Magazin für Fotokultur und -technik*, no. 6, 2016, p. 47.

[4] Peter V. Brinkemper, "Drift – eine neue Kunst fotografischer Navigation," in: Wolfgang Zurborn, *Drift* (Heidelberg: Kehrer, 2007), unpaged [translated].

Abbildungen / Images
in der Reihenfolge ihres Erscheinens / in order of appearance:

O. T., Köln, 2006,
aus der Serie / from the series *Catch*, 80 x 60 cm

O. T., Leverkusen, 2005,
aus der Serie / from the series *Catch*, 142 x 106 cm

O. T., Köln, 2006,
aus der Serie / from the series *Catch*, 80 x 60 cm

O. T., Lydd, 2002,
aus der Serie / from the series *Drift*, 80 x 60 cm

O. T., Wolfsburg, 2001,
aus der Serie / from the series *Drift*, 142 x 106 cm

O. T., Oberhausen, 2004,
aus der Serie / from the series *Drift*, 142 x 106 cm

Umschlagabbildung / Cover illustration:
O. T., Köln, 2005,
aus der Serie / from the series *Catch*, 142 x 106 cm

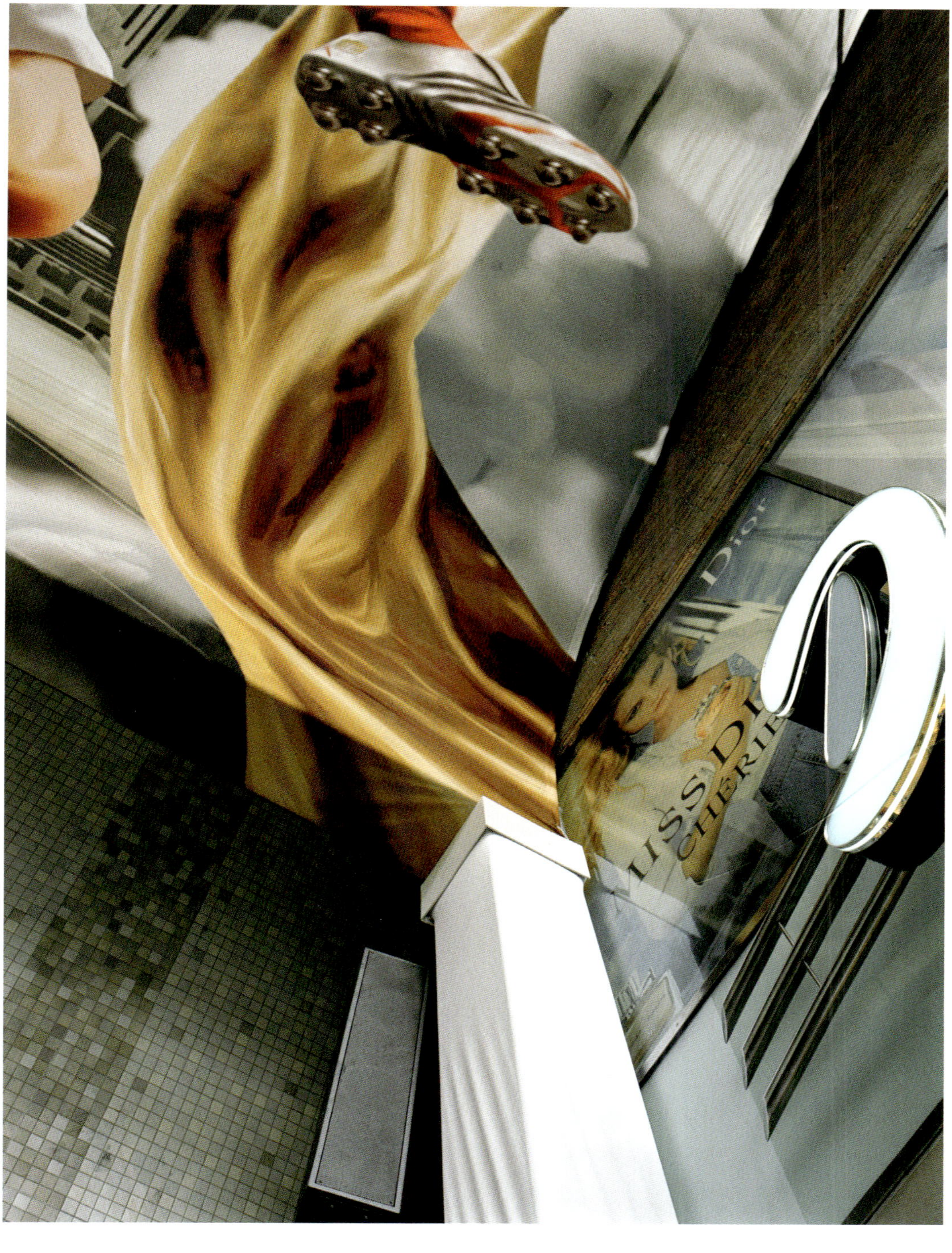
Dior

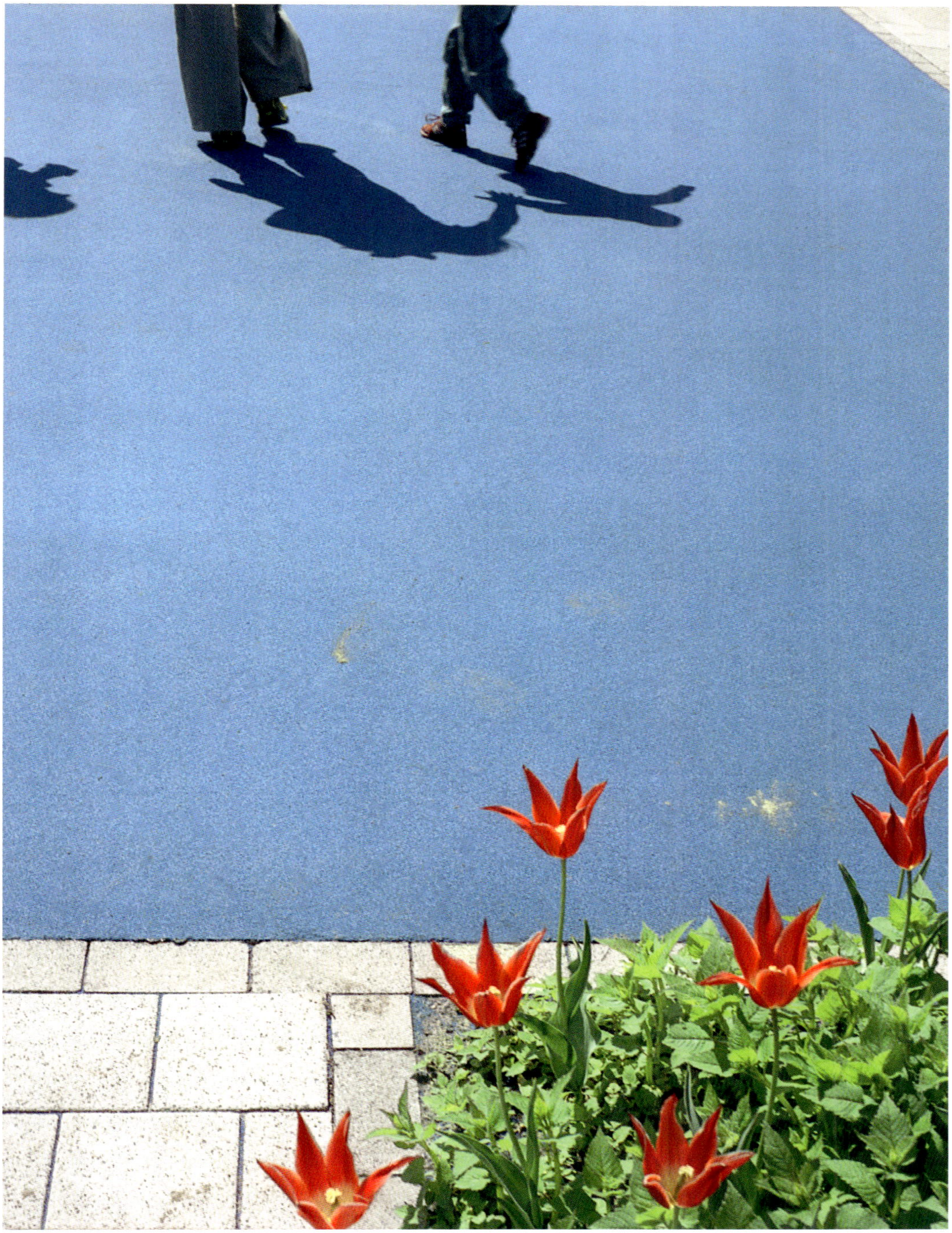

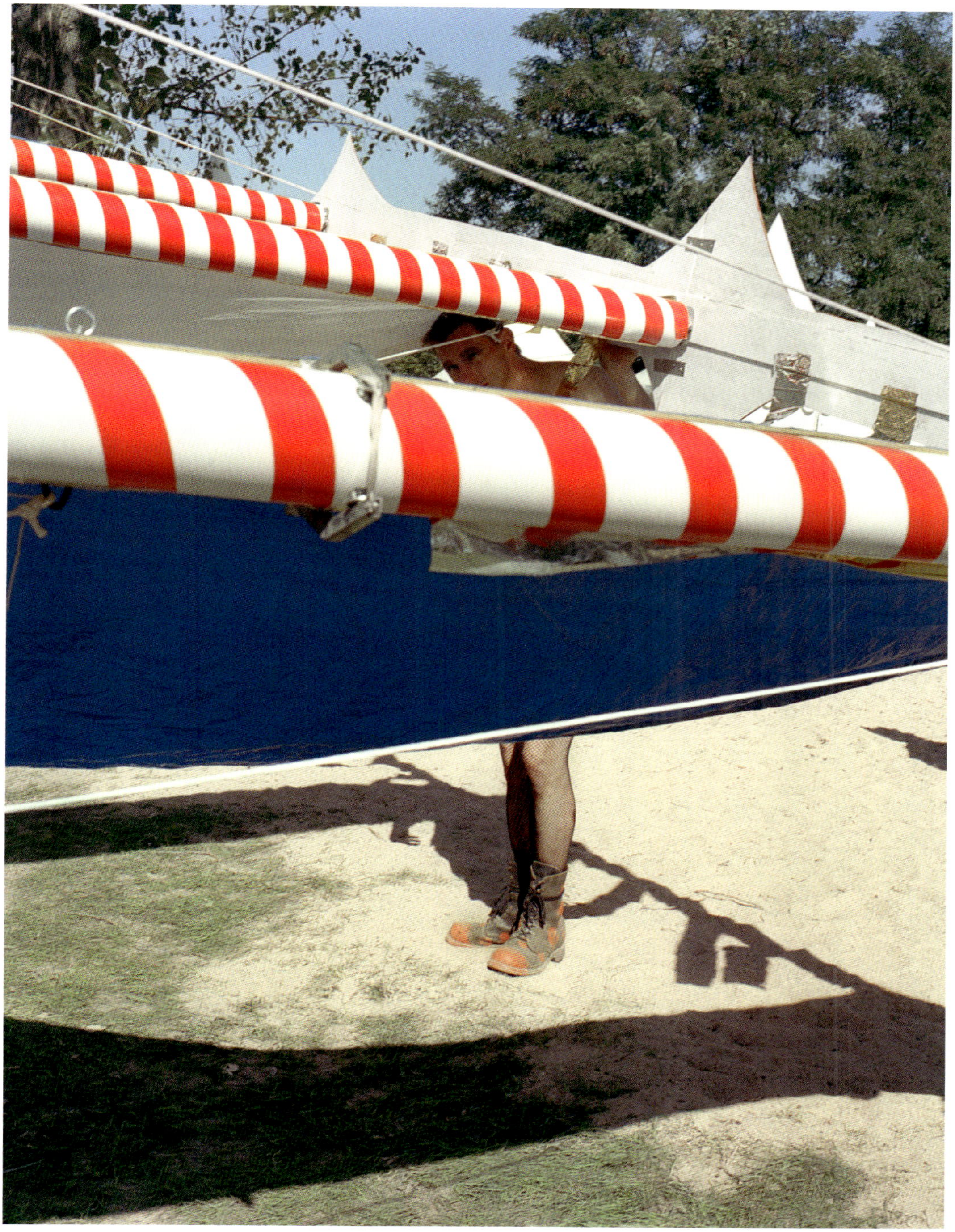

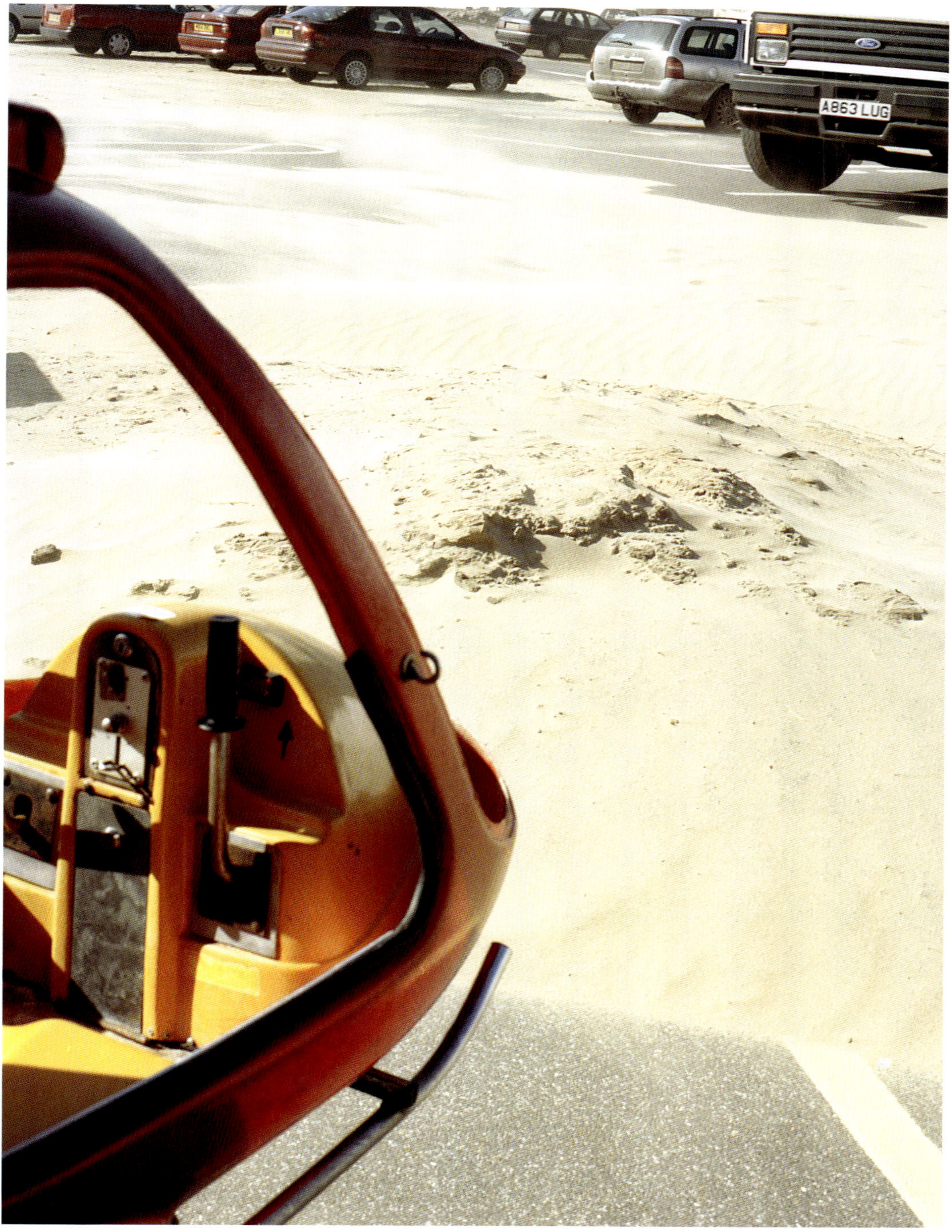
A863 LUG

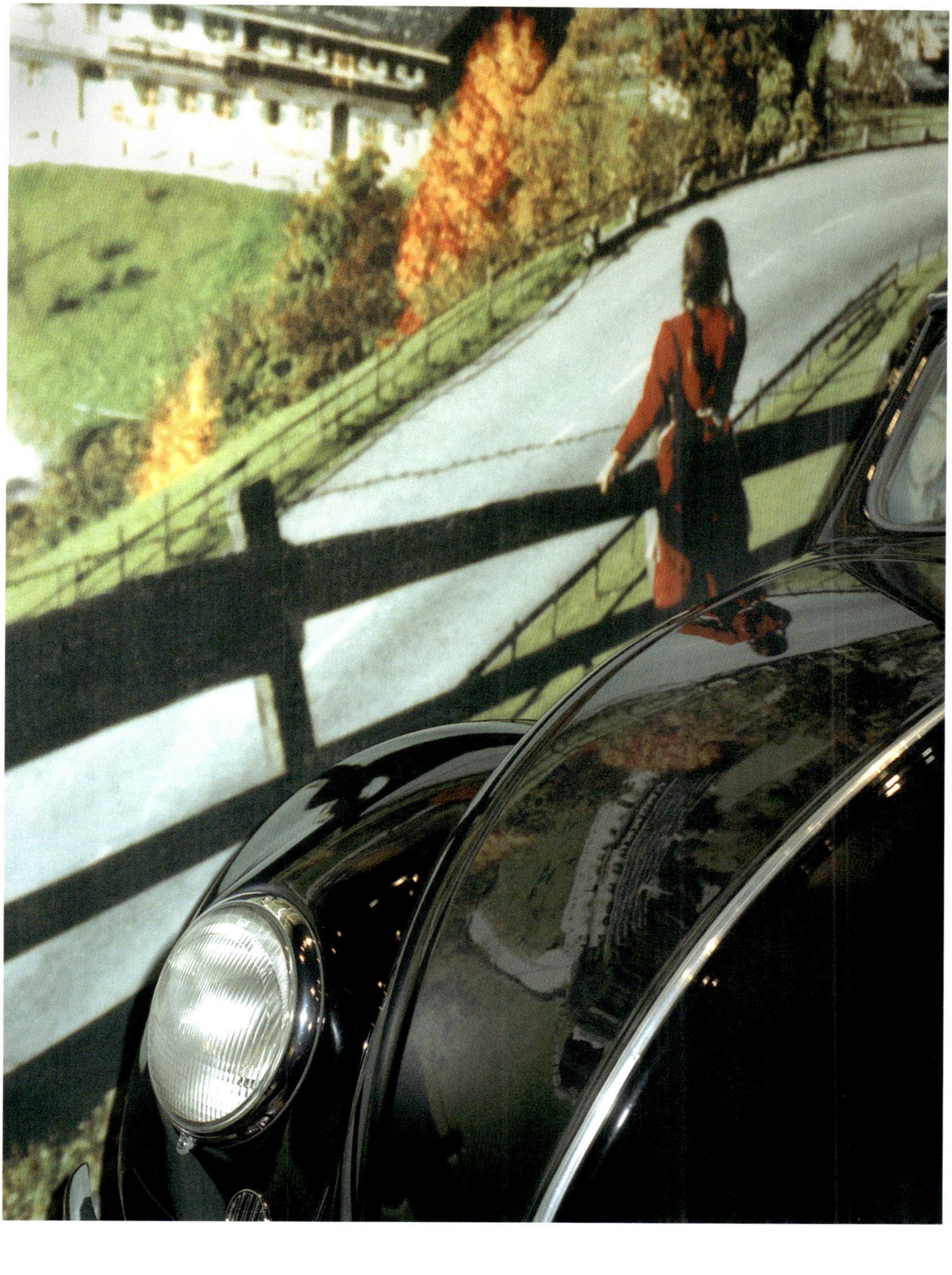

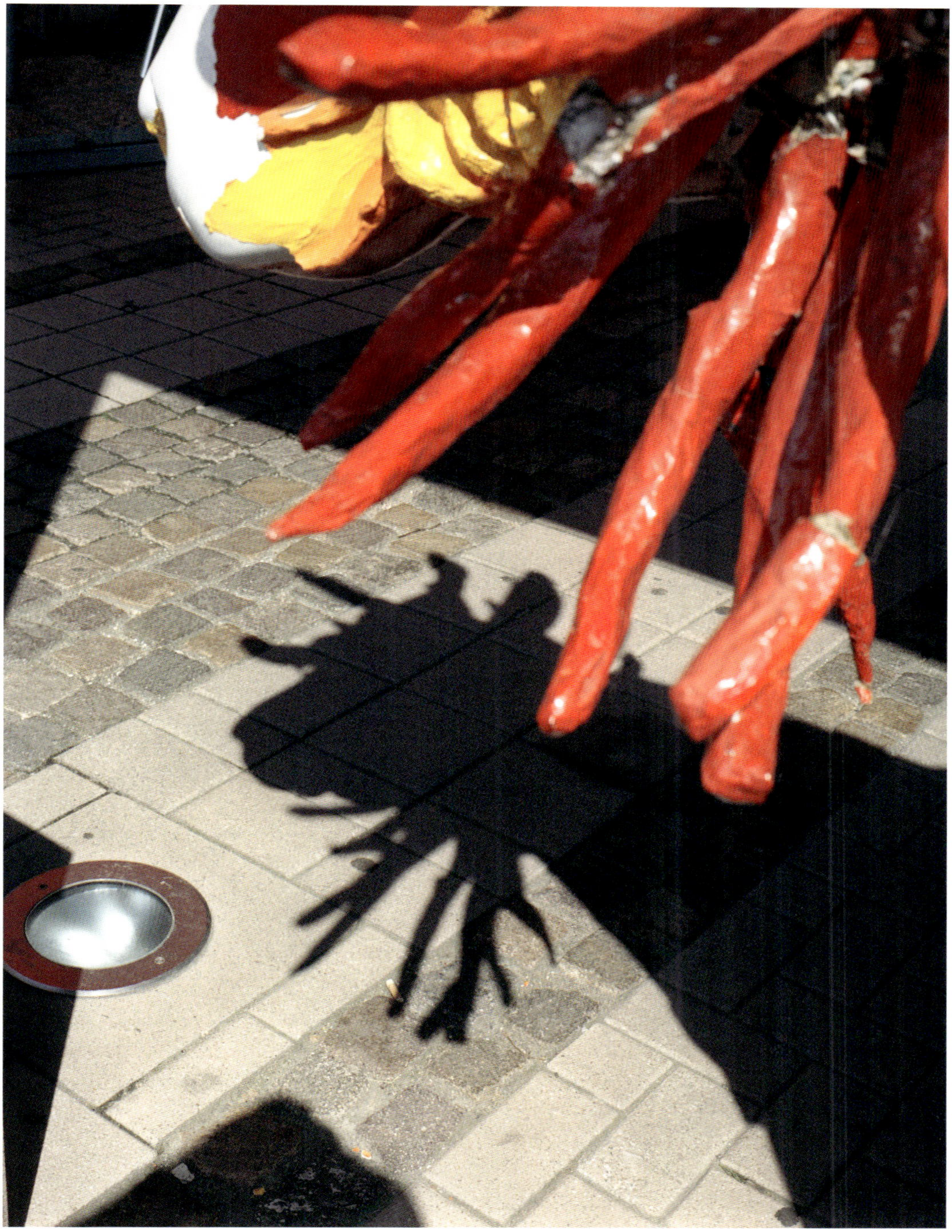

Während um 1900 Eugène Atget – ein Pionier der Straßenfotografie – für seine systematische Katalogisierung von Paris mit sperriger Großformatkamera noch jahrelang durch die Stadt flanieren musste, werden öffentliche Räume seit 2007 mit dem Online-Dienst Google Street View in 360-Grad-Panorama-Abbildern dargestellt und im World Wide Web »besucht«. Mittlerweile kann man am Rechner virtuell die halbe Welt durchqueren, ohne selbst an Ort und Stelle gewesen zu sein. Anwesenheit und Gegenwärtigkeit spielen dabei keine Rolle mehr. Deswegen könnten die von Street-View-Kameras auf Spezialfahrzeugen aufgenommenen und dann verknüpften Abbilder als geradezu ideale Dokumentationen der erfassten Orte angesehen werden: Sie sind frei von Subjektivität, weil kein Mensch mehr eine Auswahl trifft oder eine gestalterische Absicht dabei hat.

Um die Validierung solcher Abbilder am Beispiel von New York City und um die Überbrückung der Distanz zwischen mediatisierten und realen Orten ging es **Viktoria Binschtok** mit ihrem Projekt *World of Details* (2009–2013). Dafür besuchte sie die Metropole in einem ersten Schritt nur virtuell, nämlich mithilfe von Google Street View. Berühmte Straßenfotograf*innen wie Walker Evans, Helen Levitt, Bruce Davidson, Weegee, Diane Arbus, Robert Frank oder Garry Winogrand hatten früher subjektive Bilder von Menschen in New York gemacht, Binschtok hingegen konzentrierte sich zunächst auf mutmaßlich objektive, maschinelle Abbilder von New York, die unbeabsichtigt auch Menschen zeigen: »Mich interessierten die zufällig abgebildeten Passanten, die in die Linse eines Apparates blickten, der sie im selben Moment ablichtete. Trotz der unkenntlich gemachten Gesichter ist ihre Verwunderung über das vorbeifahrende Gerät offensichtlich. Diese Menschen wurden gleichzeitig Zeugen sowie Teil einer flächendeckenden fotografischen Aufzeichnung.«[5]

Im zweiten Schritt ihres Projekts reiste Binschtok dann persönlich nach New York City, um die Entstehungsorte der von ihr ausgewählten Google-Street-View-Abbildungen aufzusuchen und sich dort mit filmbasierter Aufnahmetechnik jeweils selbst ein Bild zu machen. So entstand *World of Details* als eine Serie pärchenweiser Vergleiche: Den online aus einer gleichgültigen Kartografie herausgefischten Ortsabbildungen in kleinen Schwarz-Weiß-Formaten stehen große Farbabzüge von Binschtoks subjektiven Lichtbildern gegenüber, die sich – ebenfalls ohne inszenatorische Eingriffe – auf Details dieser konkreten Orte beziehen und dabei semantische Analogien herstellen. Automatisch generierte und weltweit verfügbare Straßenaufnahmen treffen somit auf technisch entschleunigte Fotografien, die von der Künstlerin erst nach ihrer Rückkehr nach Deutschland als einzigartige Originalabzüge entwickelt wurden. Deren sichtbare Befestigung mit Klebestreifen im Rahmen und handschriftliche Vermerke zur jeweiligen Belichtungsdauer zeugen davon. Die Zeit des Suchens und der Annäherung an ein Motiv, die Zeit des Findens und Erblickens, die Zeit des Aufnehmens und Rezipierens sind wesentliche Möglichkeitsbedingungen einer Fotografie des Gegenwärtigen.

[5] Viktoria Binschtok, Statement zu *World of Details*, E-Mail der Künstlerin an den Autor, Juli 2019.

Whereas, around 1900, Eugène Atget – a pioneer of street photography – had to stroll through the city for years with a bulky large-format camera for his systematic cataloging of Paris, since 2007 public spaces have been depicted in 360-degree panoramic images by the online service Google Street View and "visited" on the World Wide Web. Meanwhile, you can virtually cross half the world on your computer without having been there yourself. Presence and presentness no longer play a role. The images shot by Street View cameras mounted on special-purpose vehicles and then morphed together can thus be regarded as ideal documentation of the respective locations: They are free of subjectivity because no one makes a selection or has any creative intention.

Viktoria Binschtok's project *World of Details* (2009–13) is concerned with the validation of such images using the example of New York City, as well as with bridging the distance between mediatized and real places. In a first step, she visited that metropolis only virtually, namely with the help of Google Street View. Famous street photographers such as Walker Evans, Helen Levitt, Bruce Davidson, Weegee, Diane Arbus, Robert Frank, and Garry Winogrand had previously taken subjective pictures of people in New York. In contrast, Binschtok concentrated first and foremost on putatively objective, mechanical images of New York which unintentionally also depict people: "I was interested in the randomly depicted passers-by who looked into the lens of an apparatus, which then photographed them at the same moment. Despite the obscured faces, their wondering about the passing apparatus is obvious. These people were simultaneously witnesses and part of a comprehensive photographic recording."[5]

In the second step of her project, Binschtok then travelled personally to New York City to visit the places where the Google Street View images she had selected were created; she then used film-based recording technology to shoot her own pictures of these sites. *World of Details* was thus created as a series of paired comparisons: The small-format, black-and-white images of places extracted online from an indifferent cartography are juxtaposed with large color prints of Binschtok's own subjective photographs, which – likewise without any staging intervention – refer to details of these concrete places and thereby produce semantic analogies. Automatically generated street photographs which are available worldwide thus encounter technically decelerated photographs which were developed by the artist as unique original prints only after her return to Germany. Their visible attachment in the frame with adhesive strips and handwritten notes on the respective exposure times bear witness to this. The time spent searching for and approaching a motif, the time spent finding and beholding, the time spent recording and absorbing are essential conditions for a photography of presence.

[5] Viktoria Binschtok, statement on *World of Details*, e-mail from the artist to the author, July 2019 [translated].

Abbildungen / Images aus der Serie / from the series *World of Details*
in der Reihenfolge ihres Erscheinens / in order of appearance:

Yellow Triangle, 2012, analoger / analogue C-Print, Objektrahmen / object frame, 128 x 95 cm

Cap Man, 2012, Inkjet print auf / on MDF, 18 x 26 cm

Man in a Box, 2011, analoger / analogue C-Print, Objektrahmen / object frame, 81 x 80 cm

Man in a Box (Detail), 2011, Inkjet print auf / on MDF, 18 x 26 cm

Crocodile, 2012, analoger / analogue C-Print, Objektrahmen / object frame, 104 x 85 cm

White Stripes, 2012, Inkjet print auf / on MDF, 18 x 26 cm

Crossing, 2012, Inkjet print auf / on MDF, 18 x 26 cm

Round Corner, 2012, analoger / analogue C-Print, Objektrahmen / object frame, 147 x 116 cm

Cop #2, 2012, Inkjet print auf / on MDF, 18 x 26 cm

Garbage, 2012, analoger / analogue C-Print, Objektrahmen / object frame, 79 x 98 cm

Diner, 2012, Inkjet print auf / on MDF, 18 x 26 cm

Diner Seat, 2012, analoger / analogue C-Print, Objektrahmen / object frame, 94 x 78 cm

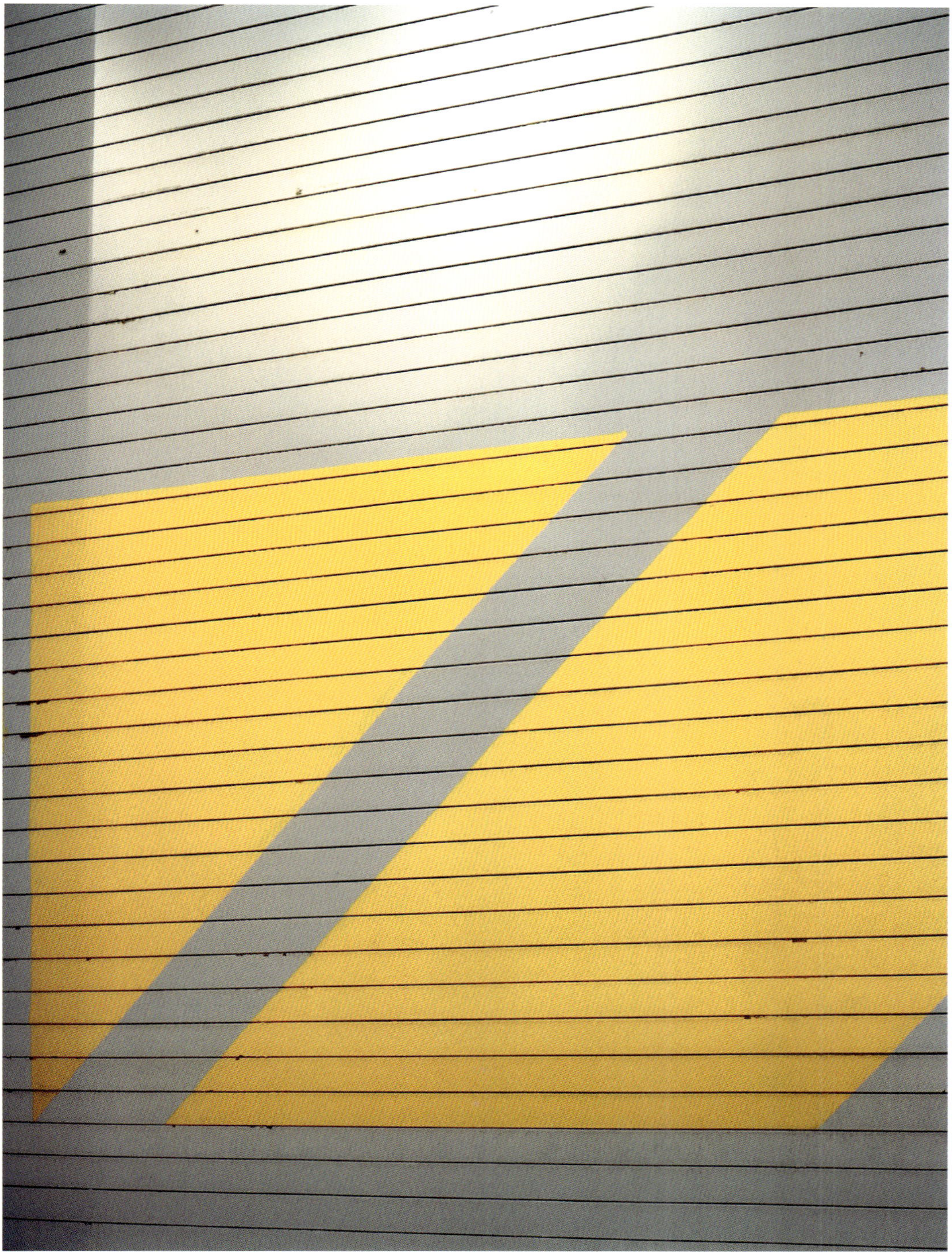

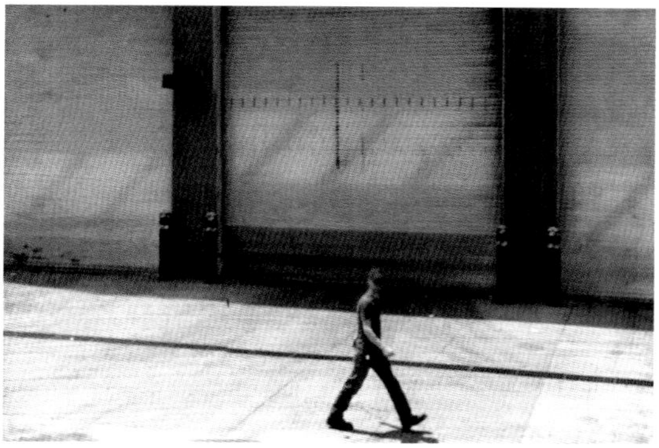

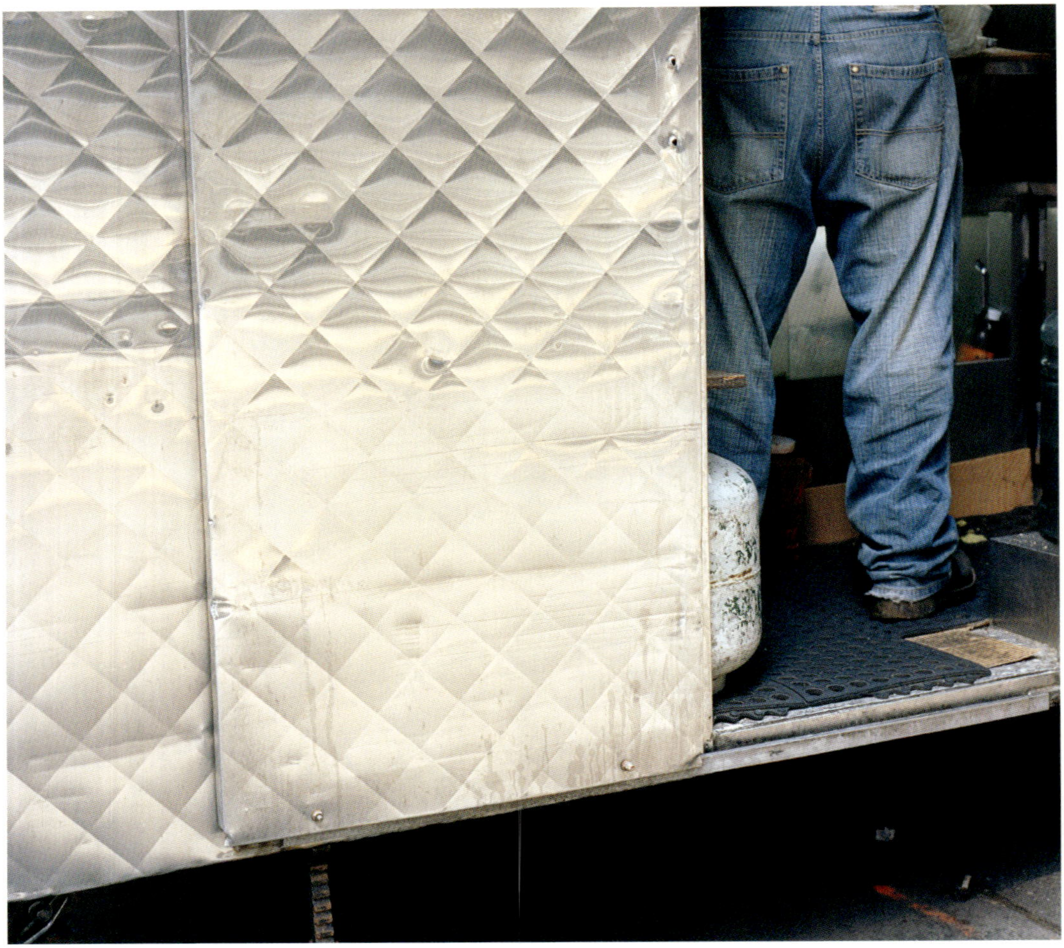

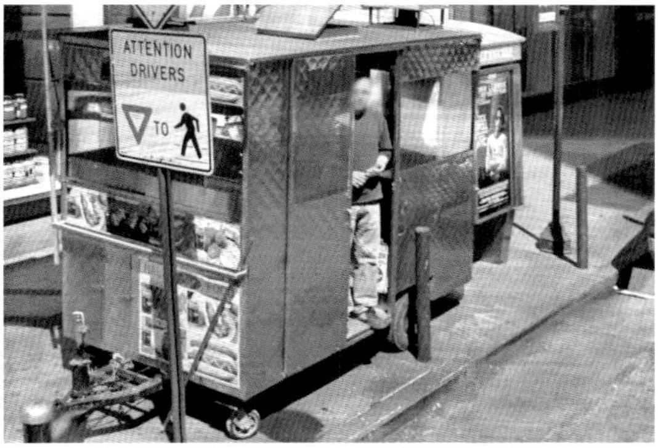
ATTENTION
DRIVERS
TO

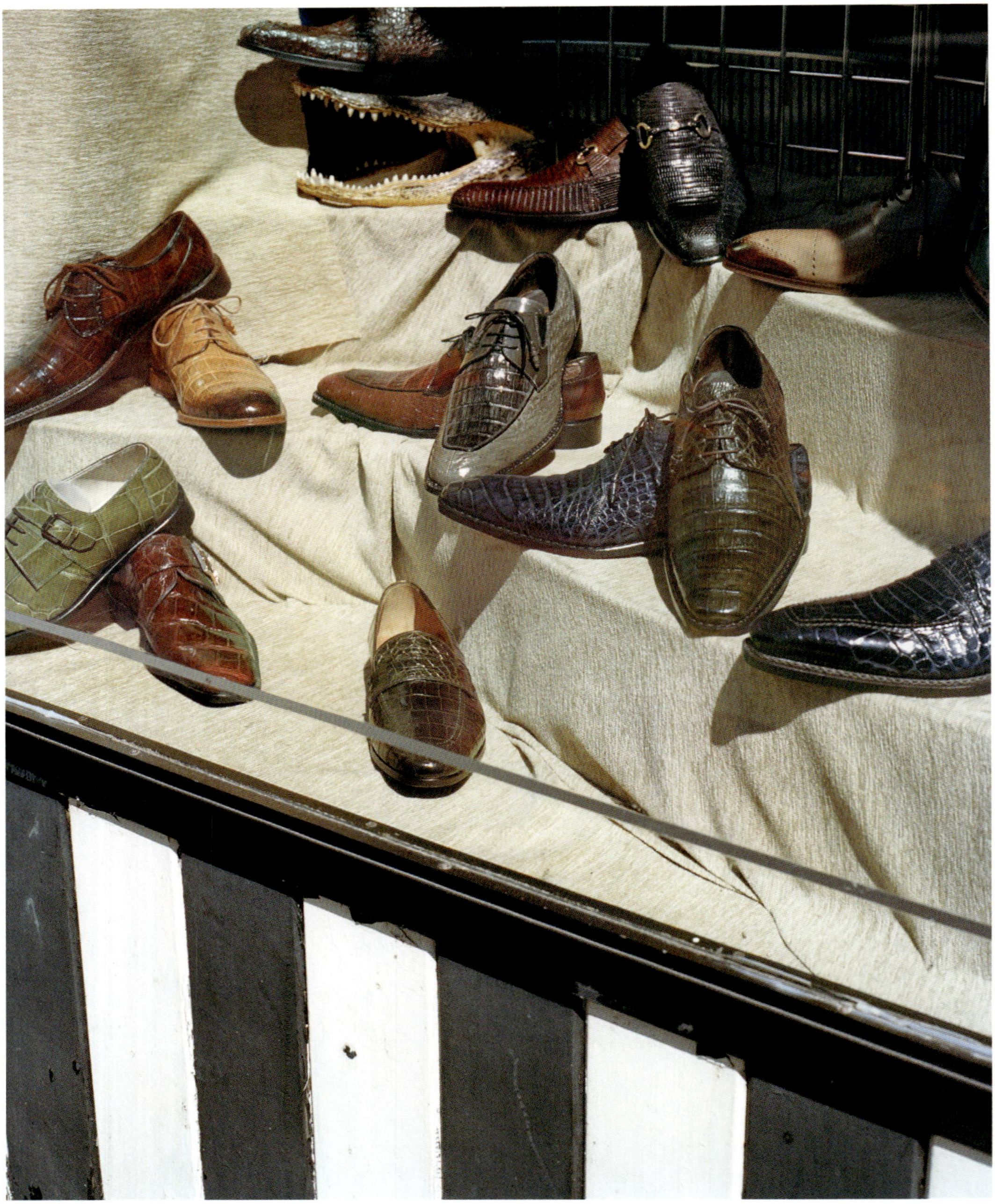

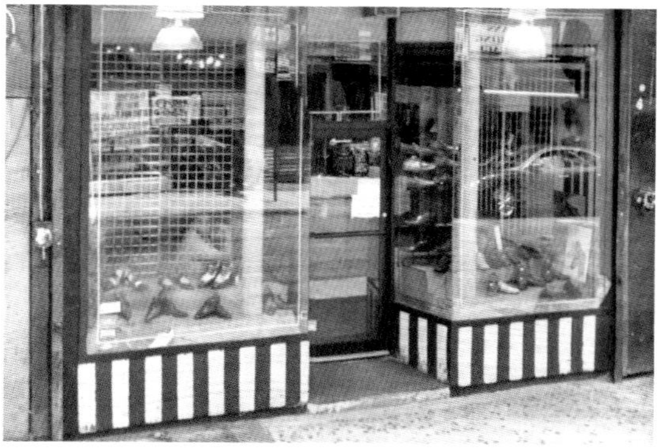

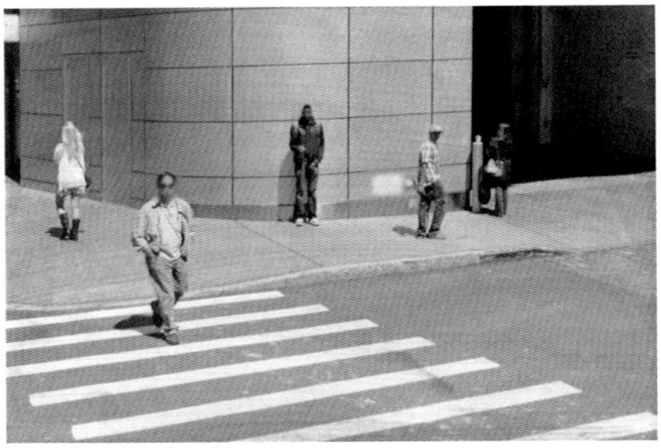

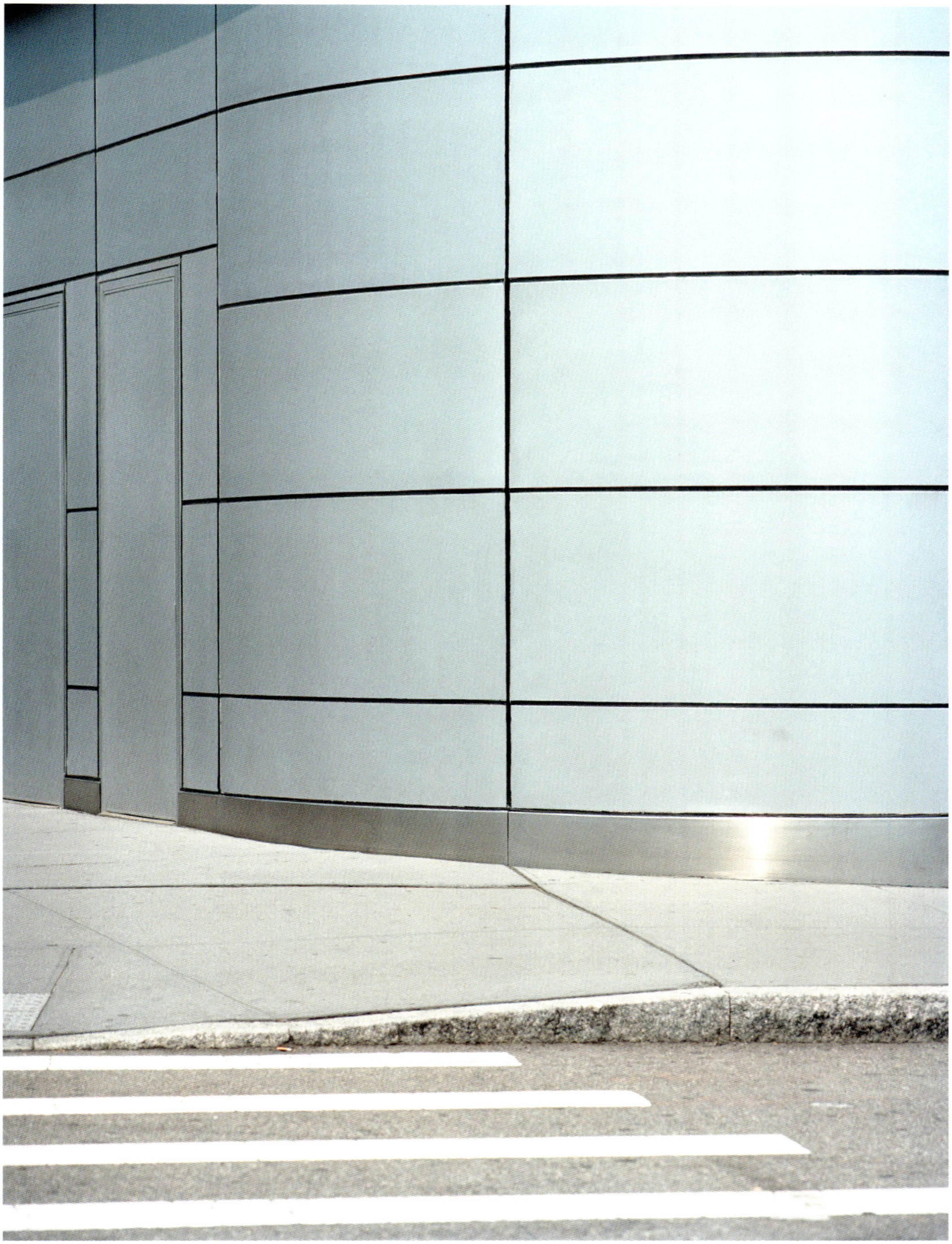

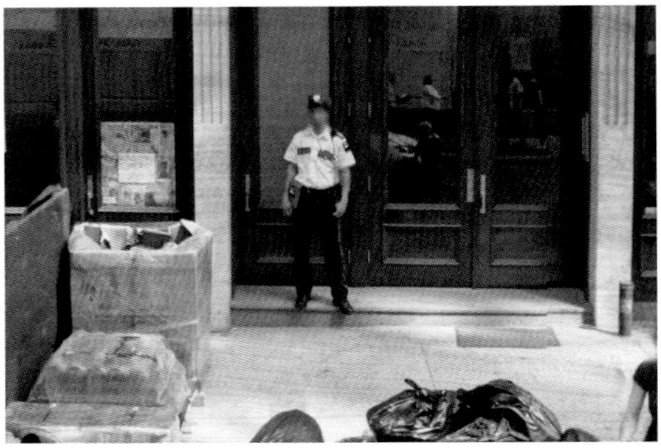

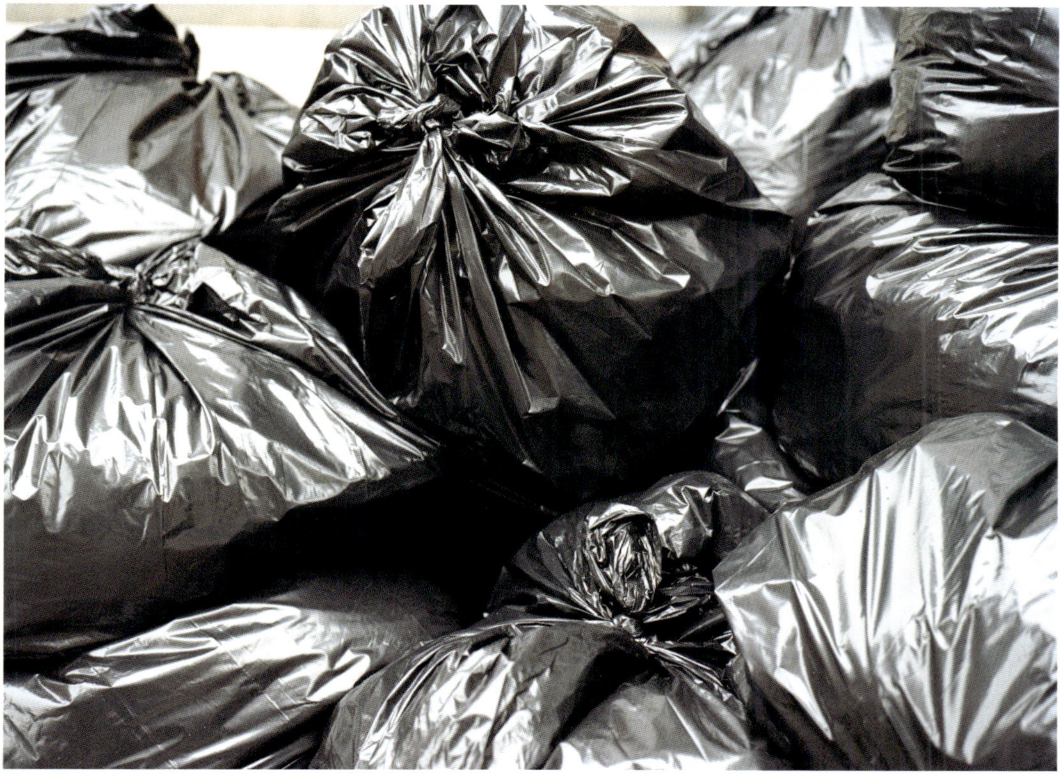

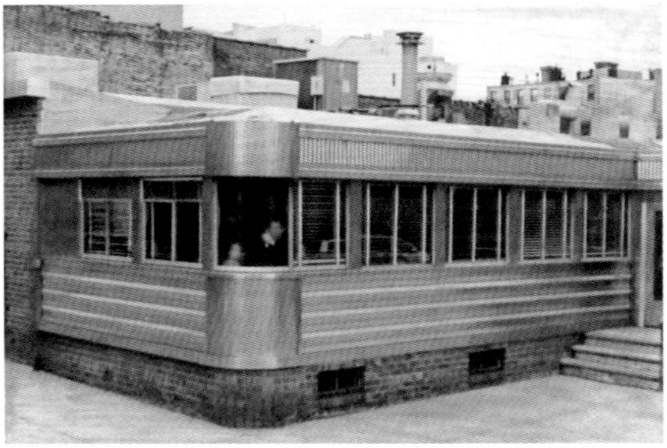

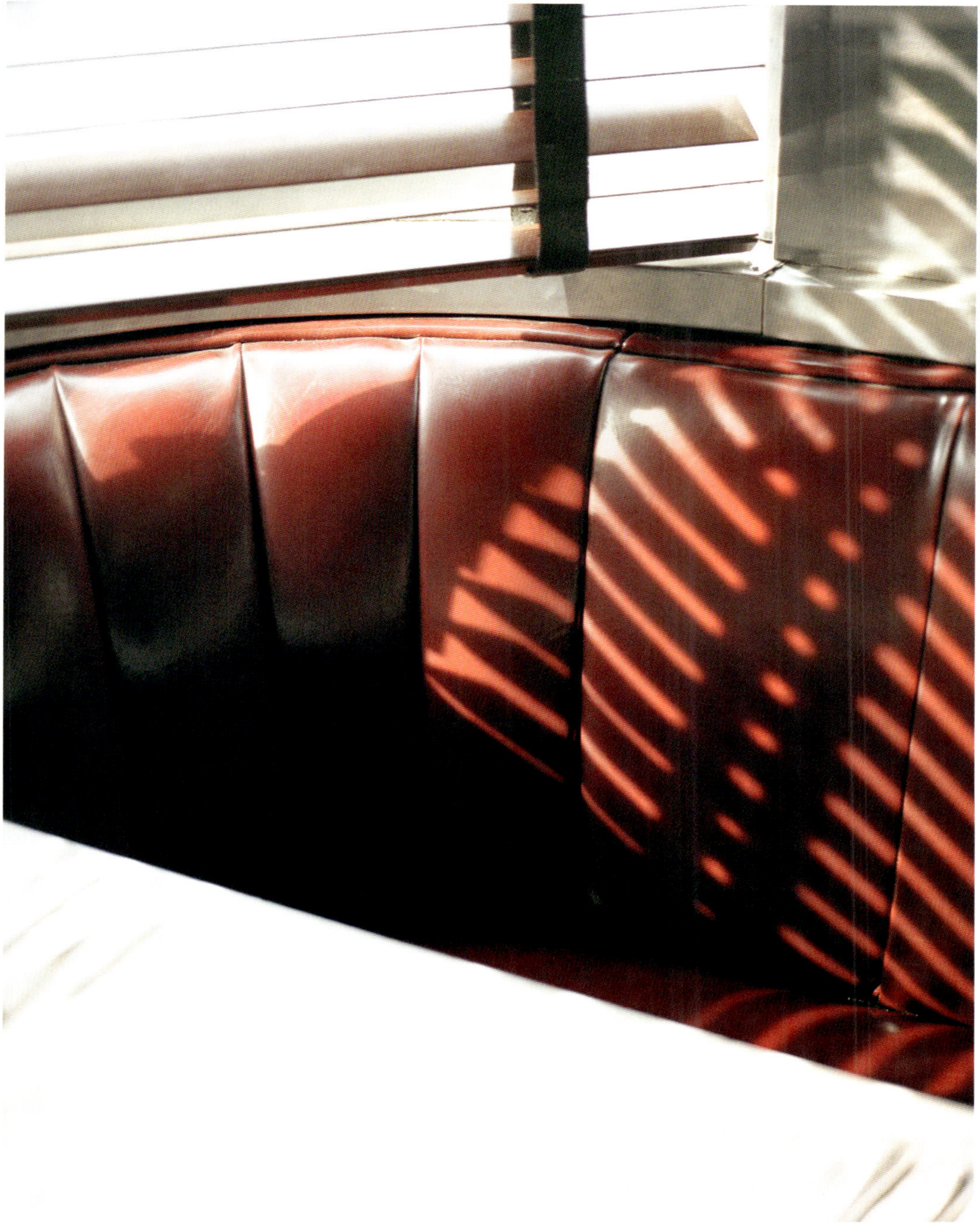

Aus technizistischer Sicht betrachtet, konnte Fotografie schon immer gar nicht anders als gegenwärtig sein, also ausschließlich jene Wirklichkeit festhalten, die im Moment der Aufnahme vorlag. Vergangenheit und Zukunft wären mangels Präsenz unerreichbar für sie. Und sobald ein visueller Abdruck von etwas Da-Seiendem gemacht ist, wandele er sich zum Abbild von etwas Da-Gewesenem, weil die fortschreitende Zeit die Momentaufnahme umgehend in die Vergangenheit schickt. Aus kulturhistorischer Perspektive übergeht diese Begründung eines auf Gegenwärtigkeit limitierten Bezugs der fotografischen Aufnahme jedoch das grundsätzliche Potenzial aller Bilder, über jede Zeit (Vergangenheit, Gegenwart oder Zukunft) etwas Gültiges sagen oder diese repräsentieren zu können – je nach Rezeption und kulturellem Kontext. Schließlich gebe es keinen objektiven, statischen Gehalt eines Bildes, nur subjektive und immer wieder neu zu verhandelnde Lesarten. Als Brückenschlag zwischen beiden Perspektiven formulierte der Medienwissenschaftler Ralf Bohn: »Die einzige Weise, in der Fotografien betrachtet werden können, ist, in ihnen die verlorene Geschichte wieder auffindbar zu machen, die durch ihren Akt zerstört worden ist.«[6]

In den Fotoarbeiten von **Barbara Probst** gibt es zwar eine »Geschichte« der Aufnahme (nämlich von der technischen Vorbereitung des Settings), die von Betrachter*innen wieder aufgefunden werden will. Aber der Akt des Fotografierens (das Einfrieren der Zeit) hat hier keine Narration zerstört, sondern ermöglicht erst ihre Schöpfung in der Betrachtung. Denn Probst gibt die einäugige Sehweise der Kamera auf, spaltet diese in viele Standpunkte und Einstellungen und vervielfältigt den einzigen kurzen Moment der Aufnahme: Per Funksignal werden mehrere Kameras gleichzeitig ausgelöst, die von unterschiedlichen Standpunkten aus auf dasselbe Motiv oder Geschehen gerichtet sind. So entsteht eine Bildreihe aus mehreren Augenblicken zu einem einzigen Zeitpunkt an einem bestimmten Ort, über den die *Exposures* (Filmbelichtungen) berichten und der im Untertitel dann auch präzise benannt wird. Und diese Bildreihe – nicht ein einzelnes Bild – verleitet sodann einerseits zum Rekonstruieren der Kameraaufstellungen und anderseits zum Konstruieren einer Narration zwischen ihnen. Die Abbildungen der visuell eingefangenen Gegenwart können zu Bildern des Gegenwärtigen werden, indem der mit fotografischer Technik gespeicherte Teil des Gesehenen eine dahingehende Bedeutung im kreativen Akt der Betrachtung erhält. So auch Barbara Probst: »Ein fotografisches Bild ist von Natur aus nicht narrativ. Stattdessen ist es eher wie die Erscheinung eines Ereignisses in einem bestimmten Moment, ohne Information darüber, was vorher geschah und nachher geschehen könnte. Nur die Absicht des Betrachters bringt Narration in ein Foto, sein Vorher und Nachher lesend und sich vorstellend, mehr oder weniger bewusst.«[7]

In den mehrteiligen Bildwerken der Künstlerin werden filmische Techniken wie etwa Stop-Motion oder der dramatisierende Wechsel zwischen Totale, Halbtotale und Nahaufnahme oder zwischen Schuss und Gegenschuss aufgerufen. Die jeweilige Szene scheint in eine vielfache, wenn nicht gar unendliche Wiederholung versetzt und somit in den Abgrund (»mise en abyme«) eines Zeitpunkts, der zwar durch den Moment des Auslösens sichtbar gemacht, aber nicht

[6] Ralf Bohn: »Saumpfade des Fotografen«, in: *Cahiers – Hefte zur Fotografie*, Nr. 2, Fachhochschule Dortmund, 2014, S. 36.
[7] *Barbara Probst*, Ostfildern: Hatje Cantz, 2013, S. 143.

From a technical point of view, photography could never be anything other than one of presence; that is to say, it could only capture the reality that was present at the moment the picture was taken. The past and the future would be unattainable precisely because they are not the present. As soon as a visual impression of something that exists is made, it turns into an image of something that existed, because progressing time immediately transports the captured moment into the past. From a cultural-historical perspective, however, this justification of a reference to the photographic image limited to the present ignores the fundamental potential of all images to be able to say something valid about any given time (past, present, or future), or to be able to represent this – depending on reception and cultural context. After all, there is no objective, static content of an image, but rather only subjective readings that must be repeatedly renegotiated. As a bridge between these two perspectives, the media scholar Ralf Bohn formulated: "The only way in which photographs can be viewed is to make the lost history destroyed by their act once again traceable in them."[6]

In the photographic works of **Barbara Probst,** there is a "story" behind the shot (namely that relating to the technical preparation of the setting), which is intended to be retrieved by the viewer. The act of photographing (the freezing of time) did not, however, destroy any narration here; instead, the photographic act enables its creation during the act of viewing. Probst abandons the camera's one-eyed way of seeing, splits it into many points of view and settings, and multiplies the sole brief moment of the shot: A radio signal simultaneously triggers several cameras that are directed at the same motif or event from different points of view. The result is a series of images consisting of several moments at a single point in time at a specific location, on which the *Exposures* report to then be precisely named in the subtitle. This series of images – not a single image – then entices the viewer, on the one hand, to mentally reconstruct the camera settings and, on the other, to construct a narration between these. The reproductions of the visually captured present can become images of presence, in that the part of what has been seen, which has been stored with photographic technology, acquires a relevant meaning in the creative act of viewing. In the words of Barbara Probst: "A photographic image is not narrative by nature. It is, instead, more like the appearance of an event at a certain moment, without information about what happened before and after. Only the viewer's mind brings the narrative to a photograph, reading and imagining, more or less consciously, its before and its after."[7]

In the artist's multi-part pictorial works, cinematic techniques such as stop motion or the dramatizing alternation between total, half total, and close-up or between shot and counter-shot are invoked. The respective scene seems to be set into a multiple, if not infinite repetition and thus into the abyss ("mise en abyme") of a point in time, which can be made visible by the moment of triggering, but cannot be experienced, because it is infinitely small: After all, time can only be experienced as a span of time. Each scene depicts sites and places that offer many perspectives simultaneously and could thus be the starting point for different developments:

[5] Ralf Bohn, "Saumpfade des Fotografen," in: *Cahiers – Hefte zur Fotografie*, no. 2, University of Applied Sciences and Arts, Dortmund, 2014, p. 36 [translated].

[7] *Barbara Probst* (Ostfildern: Hatje Cantz, 2013), p. 143.

erfahren werden kann, weil er unendlich klein ist: Zeit ist schließlich nur als Zeitspanne erfahrbar. Jede Szene zeigt Orte und Stellen, die viele Perspektiven gleichzeitig bieten und Ausgangspunkt verschiedener Entwicklungen sein könnten: Überall ist die Welt nicht nur ein drei-, sondern ein vierdimensionales Labyrinth, und alles Sichtbare ist zugleich nebeneinander, übereinander und ineinander präsent. Darin unterscheidet sich Barbara Probsts Blick auf das Gegenwärtige von kubistischen Positionen, bei denen das Motiv ebenfalls aus mehreren Perspektiven dargestellt wird, um dessen Plastizität zu erfassen. Hinzu kommen biografische Gründe, weshalb sich die Künstlerin mit räumlicher und zeitlicher Präsenz beschäftigt, sie sind bei vielen Bildmotiven als roter Faden durch ihr Œuvre erkennbar. Seit Langem pendelt Barbara Probst zwischen höchst verschiedenen Lebenswirklichkeiten in München und in jener Stadt, deren Realität Viktoria Binschtok untersuchte: New York City.

Abbildungen / Images
in der Reihenfolge ihres Erscheinens / in order of appearance:

Exposure #44:
Barmsee, Bavaria, 08.18.06, 4:37 p.m., 2006,
2 Ultrachrome prints, je / each 112 x 168 cm

Exposure #108:
Wagenbrüchsee, Bavaria, 08.08.13, 3:42 p.m., 2013,
3 Ultrachrome prints, je / each 47 x 71 cm

Exposure #94:
N.Y.C., Washington & Watts Streets, 10.18.11, 1:02 p.m., 2011,
3 Ultrachrome prints, je / each 153 x 112 cm

Exposure #60:
Munich, Waisenhausstrasse 65, 08.26.08, 6:54 p.m., 2008,
3 Ultrachrome prints, 2 Teile / parts 60 x 40 cm; 1 Teil / part 60 x 110 cm

Exposure #123.6:
Greenport, N.Y., Silversands Motel, 1400 Silvermere Road, 04.03.17, 4:33 p.m., 2017,
2 Ultrachrome prints, je / each 60 x 60 cm

In all places, the world is not only a three-dimensional but rather a four-dimensional labyrinth, and everything visible is simultaneously present next to, above, and within each other. This is where Barbara Probst's view of presence differs from Cubist positions, in which the motif is also depicted from several perspectives in order to capture its three-dimensionality. In addition, there are biographical reasons why the artist deals with spatial and temporal presence; they are recognizable in many pictorial motifs as a leitmotif throughout her oeuvre. Since many years now, Barbara Probst has commuted between extremely different life realities in Munich and in the metropolis whose reality Viktoria Binschtok investigated: New York City.

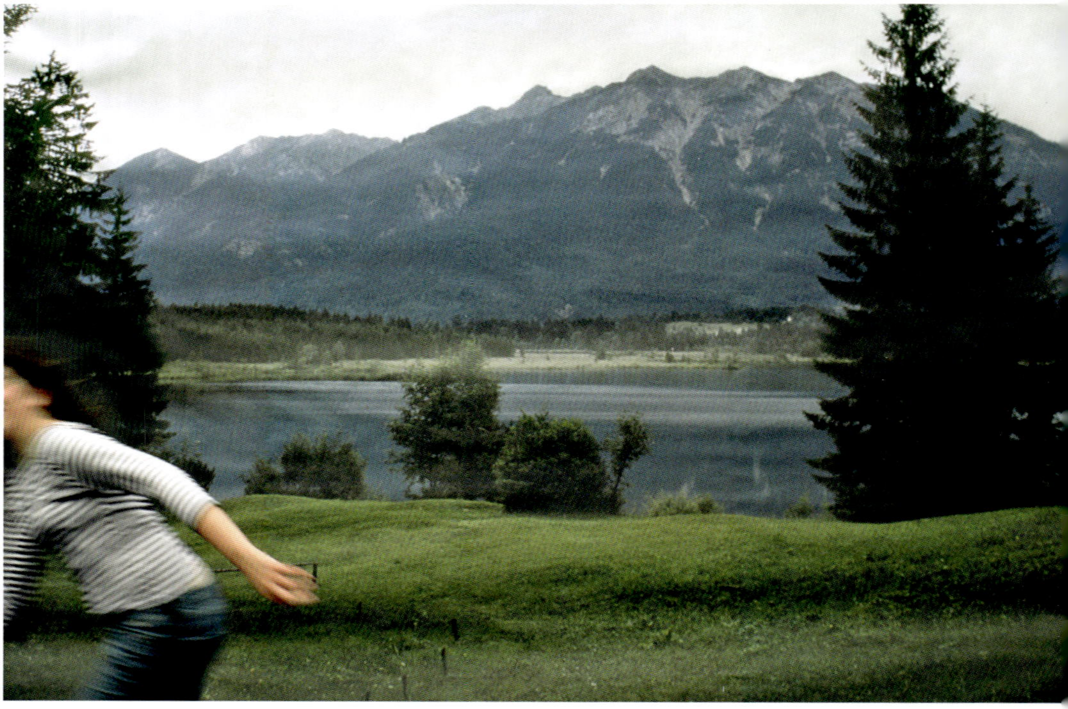

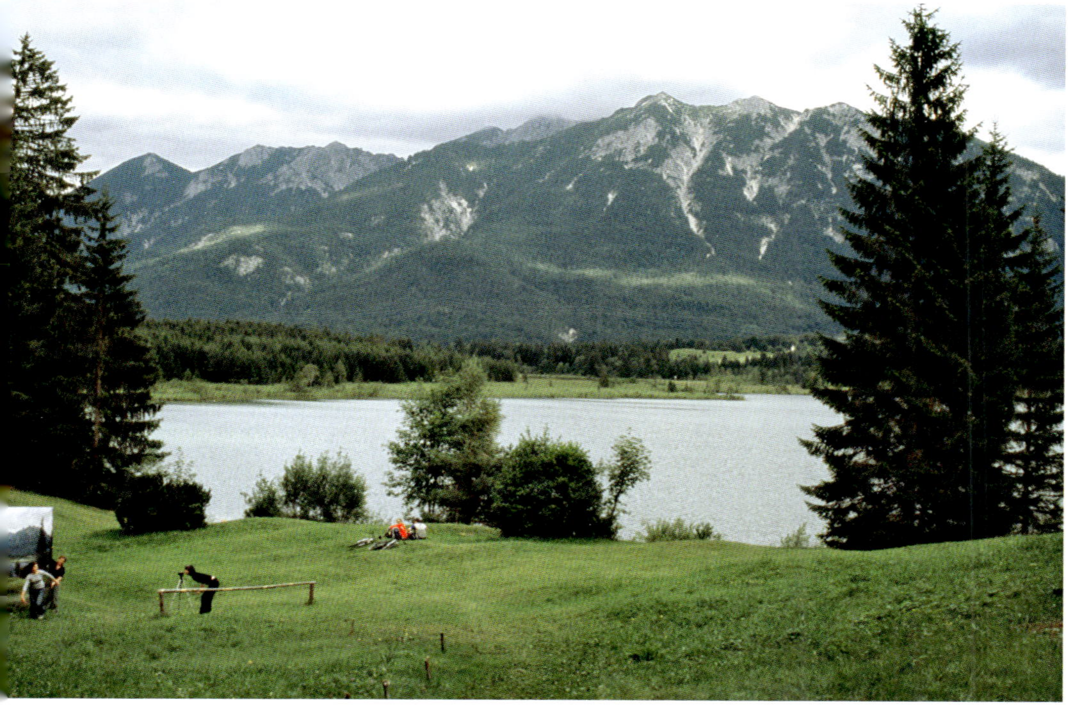

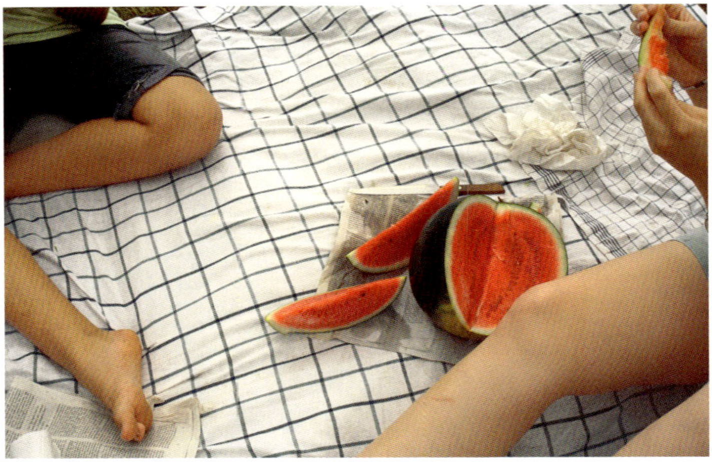

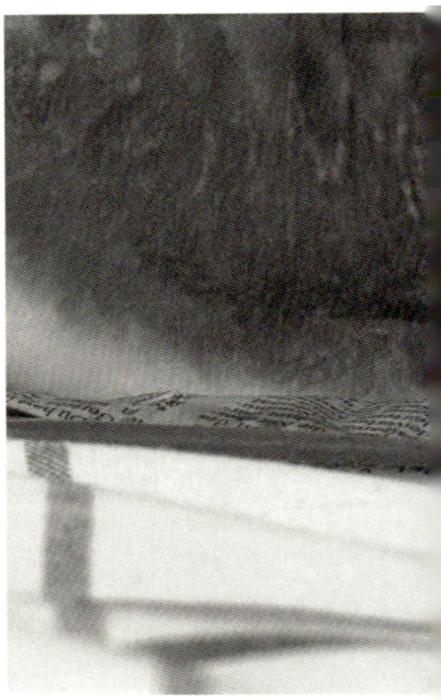

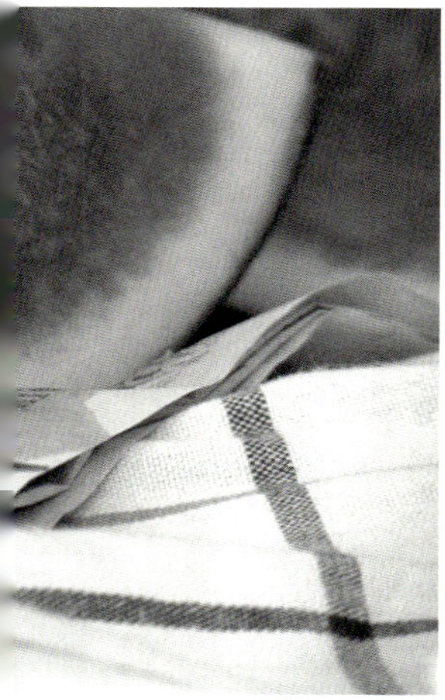

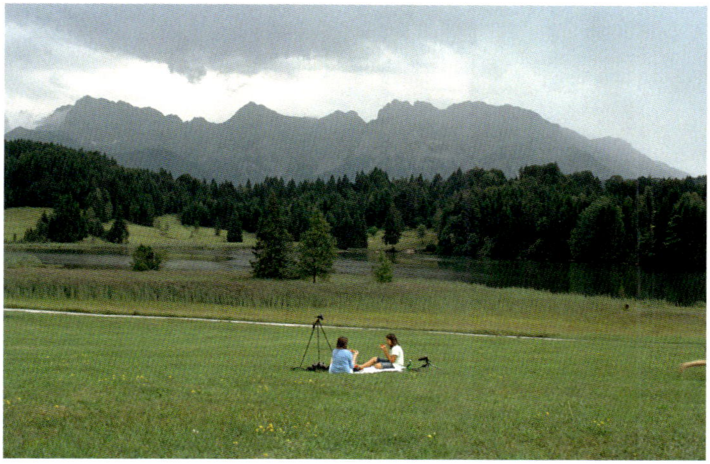

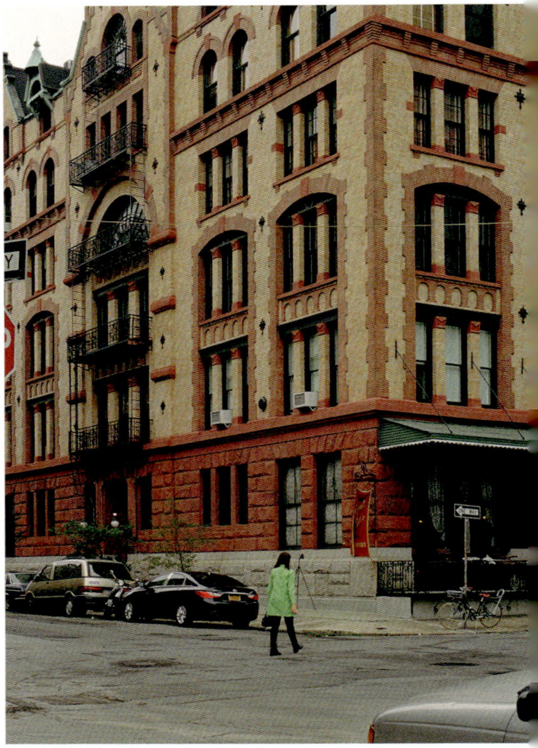

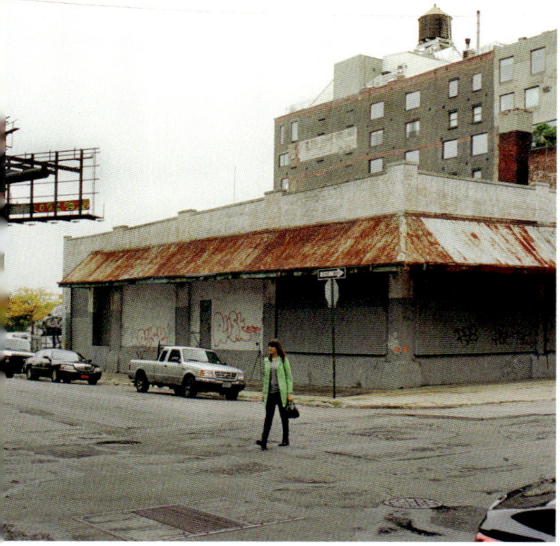

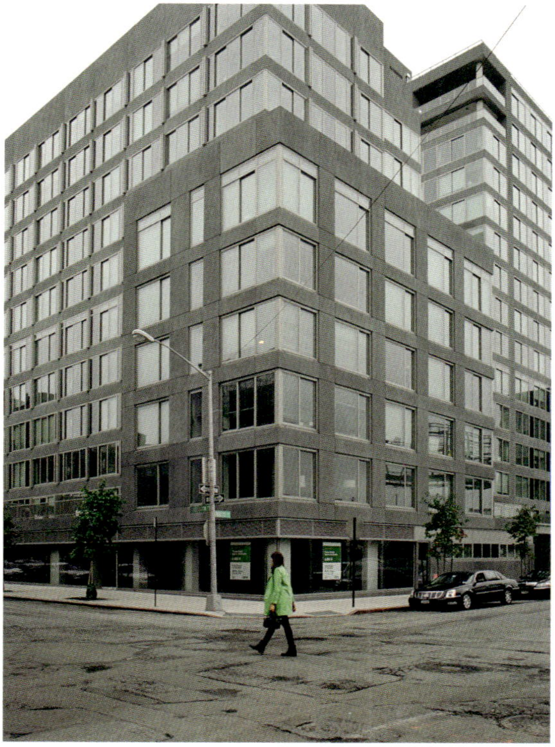

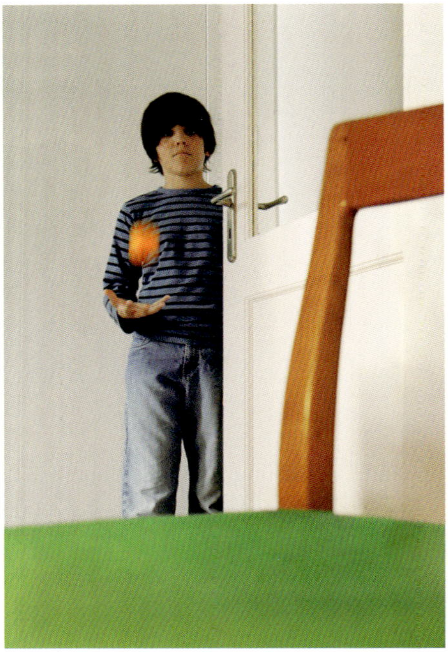

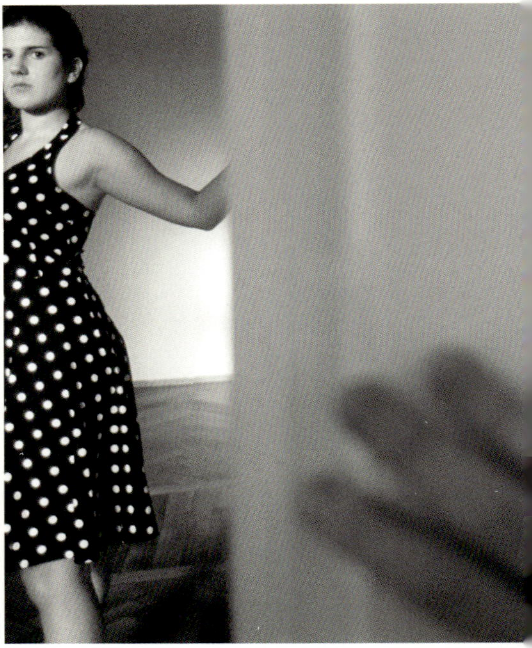

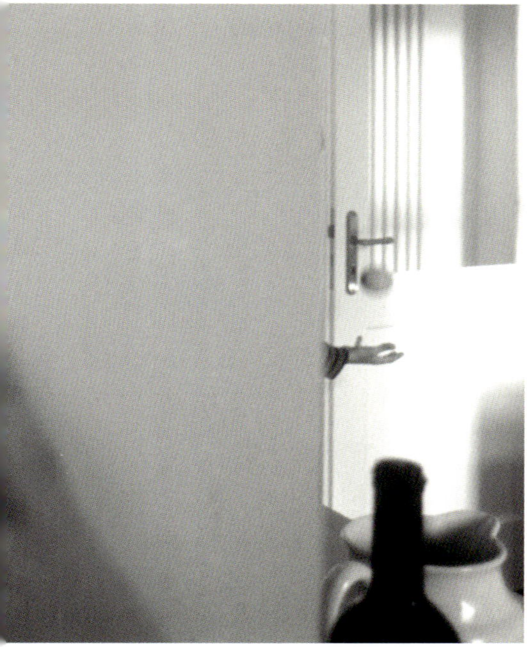

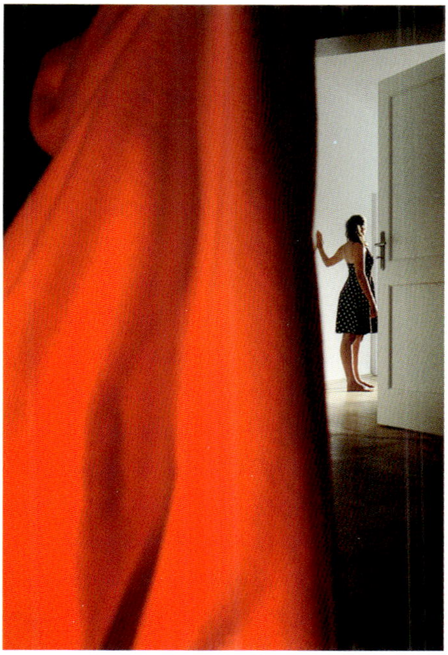

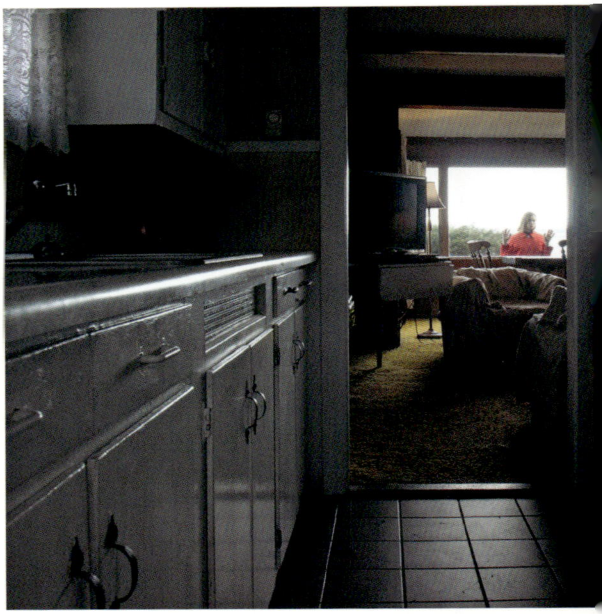

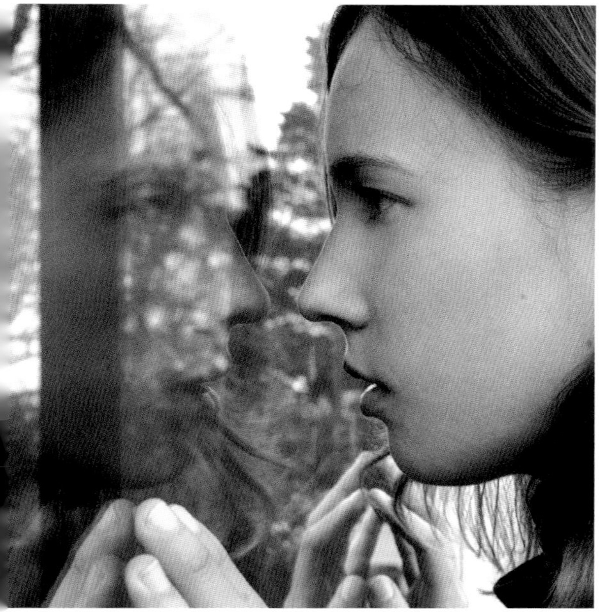

Auch **Stephanie Kiwitt** umkreist ihre Sujets mit der Kamera. In öffentlichen oder halböffentlichen Innen- oder Außenräumen wie etwa Einkaufsläden, Sportstudios, Hinterhöfen oder Fabriken betreibt sie fotografische Studien, bei denen Profanes mit konzeptueller Strenge und visueller Opulenz beladen wird, bis das Motiv seltsam artifiziell aussieht, ohne dass die Künstlerin manipulativ eingegriffen hätte. Stets handelt es sich um urbane oder suburbane Orte, an denen in der einen oder anderen Weise Phänomene der Kommerzialisierung verschiedener Lebensbereiche ablesbar sind. Die Kunsthistorikerin und Kuratorin Vanessa Joan Müller sieht in Kiwitts Œuvre die Kritik an einem radikalen Kapitalismus, der »ein in sich geschlossenes Bild- und Konsumsystem produziert, das alle Lebensbereiche durchdringt und selbst noch die kritische Reflexion in ihre medialen Verwertungsketten einzuspeisen vermag.« Kiwitts Serien seien von einem diagnostischen Blick geprägt, »der die kalt berechnende Logik unserer ökonomisierten Gegenwart adaptiert, um ihre Bruchstellen auszuloten« – und zwar an Orten, »an denen die Reformatierung der Gesellschaft nach neoliberalen Prinzipien bereits Alltag geworden ist.«[8]

Stephanie Kiwitts Serie *Self Kassa* (2010) zeigt auf fünf großen Prints im Hochformat verschiedene Ansichten einer Selbstbedienungskasse mit Scanner, Bildschirm und Bezahlterminal in einem fast menschenleeren Supermarkt. Im Hintergrund sind das Ladeninterieur, Warendisplays, Absperrungen, Hinweis- und Reklametafeln zu sehen und alle Elemente dieser vom Giftgrün der Kasse dominierten Bilder konkurrieren um die Aufmerksamkeit von Menschen, die nicht oder nicht mehr da sind. Fast scheint es, als ob diese Kasse, deren Zweck die Abschaffung von Verkäufer*innen ist, auch die Kund*innen verscheucht hat und der Geschäftsort sich fortan selbst genügt. Kiwitts Fotoserien sind keine Porträts von Orten, sondern machen dort Facetten sichtbar, deren Summe ein Gesellschaftsbild ergibt. Die Künstlerin argumentiert dabei nicht mit Kontexten, Widersprüchen, Enthüllungen, Zuspitzungen oder Erfindungen, sie führt nicht vor und strebt weder Vollständigkeit noch Angemessenheit oder Ausgewogenheit an. Stattdessen konzentriert sie sich auf das subtile Zusammenspiel der zugespitzten Ansichten, die Kiwitt in Ausstellungen sehr durchdacht anordnet und spezifisch inszeniert, oft in luftiger und ungerahmter Hängung, sodass das Trägermaterial der Bilder ebenfalls exponiert ist.

Eine wichtige Rolle spielt oft auch der rhythmische Wechsel zwischen Schwarz-Weiß und Farbe, wie etwa bei der Serie *Choco Choco* (2015). Ihr Aufnahmeort ist eine Chocolaterie, also ein Handwerksbetrieb zur Herstellung von Luxusprodukten (keine Schokoladenfabrik für günstige Massenware). Mit verführerischen, geradezu »duftenden« Einzelaufnahmen in monumentalen Formaten fokussiert Kiwitt hier Gegensätze zwischen der körperhaften Schokoladenmasse, den technischen Apparaturen und der manuellen Arbeit. Dazu schrieb die auf Fotografie spezialisierte Kunsthistorikerin Maren Lübbke-Tidow: »Diese formal-strenge, auch technisch perfektionierte Herangehensweise sowie ihr nüchtern-sachlicher, objektgerichteter Blick zitiert das Genre der Werbefotografie. Auch die Plakativität der hochglänzenden und großformatigen Prints sind typische Mittel einer programmatisch und berechnend Stimulanz erzeugenden (Werbe-)Industrie.

[8] Vanessa Joan Müller, »Gebrauchswertversprechen«, in: *Camera Austria International*, Nr. 122, 2013, S. 32 ff.

Stephanie Kiwitt also circles her subjects with the camera. In public or semi-public indoor or outdoor spaces such as shops, sports studios, backyards, or factories, she conducts photographic studies in which profane subjects are loaded with conceptual rigor and visual opulence until the motif looks strangely artificial, without the artist intervening manipulatively. They are always urban or suburban places where, in one way or another, phenomena of the commercialization of various areas of life can be discerned. The art historian and curator Vanessa Joan Müller sees in Kiwitt's oeuvre a critique of a radical capitalism that "produces a self-contained system of images and consumption, which permeates all areas of life and is capable of feeding even critical reflection into its medial chains of exploitation." According to Müller, Kiwitt's series are characterized by a diagnostic gaze that "adapts the coldly calculating logic of our economized present in order to fathom its breaking points" – in places "where the reformatting of society according to neoliberal principles has already become part of everyday life."[8]

Stephanie Kiwitt's series *Self Kassa* (2010) presents different views of a self-service checkout with scanner, monitor, and payment terminal in an almost deserted supermarket on five large vertical-format prints. In the background, one can see the store interior, product displays and barriers, as well as information and advertising boards. All the elements of these images, dominated by the poisonous green of the checkout counter, compete for the attention of people who are no longer there. It almost seems as if this self-service checkout, the purpose of which is the abolition of salesclerks, has also frightened away the customers, and the business location will henceforth have to be sufficient unto itself. Kiwitt's photo series are not portraits of places, but make facets visible, the sum of which results in an image of society. In doing so, the artist does not argue with contexts, contradictions, revelations, exaggerations, or inventions. She neither demonstrates nor strives for completeness, appropriateness, or balance. Instead, Kiwitt concentrates on the subtle interplay of the trenchant views, which she arranges and stages in exhibitions in a very sophisticated and specific way, often in airy and unframed hangings, so that the carrier material of the images is also clearly visible.

The rhythmic alternation between black-and-white and color often plays an important role, as in the series *Choco Choco* (2015). Their shooting location was a so-called chocolaterie, that is to say a manufactory for the production of luxury products (not a chocolate factory for cheap mass products). With seductive, almost "fragrant" individual shots in monumental formats, Kiwitt focuses here on contrasts between the physical chocolate mass, the technical equipment, and the manual work. The art historian Maren Lübbke-Tidow, who specializes in photography, wrote: "This formally severe and technically perfected approach, and her dispassionate, object-oriented view cites the genre of advertising photography. The boldness of the high-gloss, large-format prints are also typical instruments of a programmatic and calculating (advertising) industry that generates stimulation. Yet Stephanie Kiwitt knows how to subtly and purposefully breach these veiling instruments by consistently including in her picture the machines' traces of use, the smears of

[8] Vanessa Joan Müller, "Gebrauchswertversprechen," in: *Camera Austria International*, no. 122, 2013, pp. 32 ff. [translated].

Deren verbrämende Mittel weiß Stephanie Kiwitt allerdings subtil und gleichermaßen gezielt zu durchbrechen, wenn sie konsequent die Gebrauchsspuren an den Maschinen und die an ihnen haftenden Schlieren von Schokolade sowie deren klebrige Überreste mit ins Bild nimmt, die ihren Weg bis unter die Haut und Nägel der Chocolatiers finden. Einer stets aufpolierten und antiseptischen Arbeitsumgebung, wie man sie für ein Lebensmittel und Luxusgut vielleicht erwartet, entsprechen diese Bilder nicht.«[9] Auch in *Choco Choco* deutet Stephanie Kiwitt also nicht direkt auf Verwerfungen des Kapitalismus der Gegenwart, sondern lenkt die Aufmerksamkeit auf Symptome einer eigentlich menschenunfreundlichen Überschussproduktivität, die an vielen gewöhnlichen Orten täglich zu entdecken ist.

Abbildungen / Images
in der Reihenfolge ihres Erscheinens / in order of appearance:

Aus der Serie / From the series *Self Kassa,* 2010,
3 C-Prints, je / each 225 x 150 cm

Aus der Serie / From the series *Choco Choco,* 2015,
5 C-Prints, je / each 222,5 x 152 cm

[9] Maren Lübbke-Tidow, Ausstellungstext zu *CHOCO CHOCO*, Galerie Weingrüll, Karlsruhe, 2015, zit. nach: https://stephaniekiwitt.com/wp-content/uploads/2019/04/text-Maren-Lübbke-DE.pdf

chocolate that cling to them, and the sticky remains that find their way under the skin and nails of the chocolatier. These picture[s] do not correspond with the constantly polished and antiseptic working environment that one might expect for foodstuff and luxury good."[9] In *Choco Choco*, too, Stephanie Kiwitt does not point directly to the faults of contemporary capitalism, but rather draws attention to the symptoms of an actually inhuman surplus productivity that can be discovered daily in many ordinary places.

[9] Maren Lübbke-Tidow, text on the exhibition *CHOCO CHOCO*, trans. Carolyn Kelly, Galerie Weingrüll, Karlsruhe, 2015, quoted in: https://stephaniekiwitt.com/wp-content/uploads/2019/04/text-Maren-Lübbke-EN.pdf

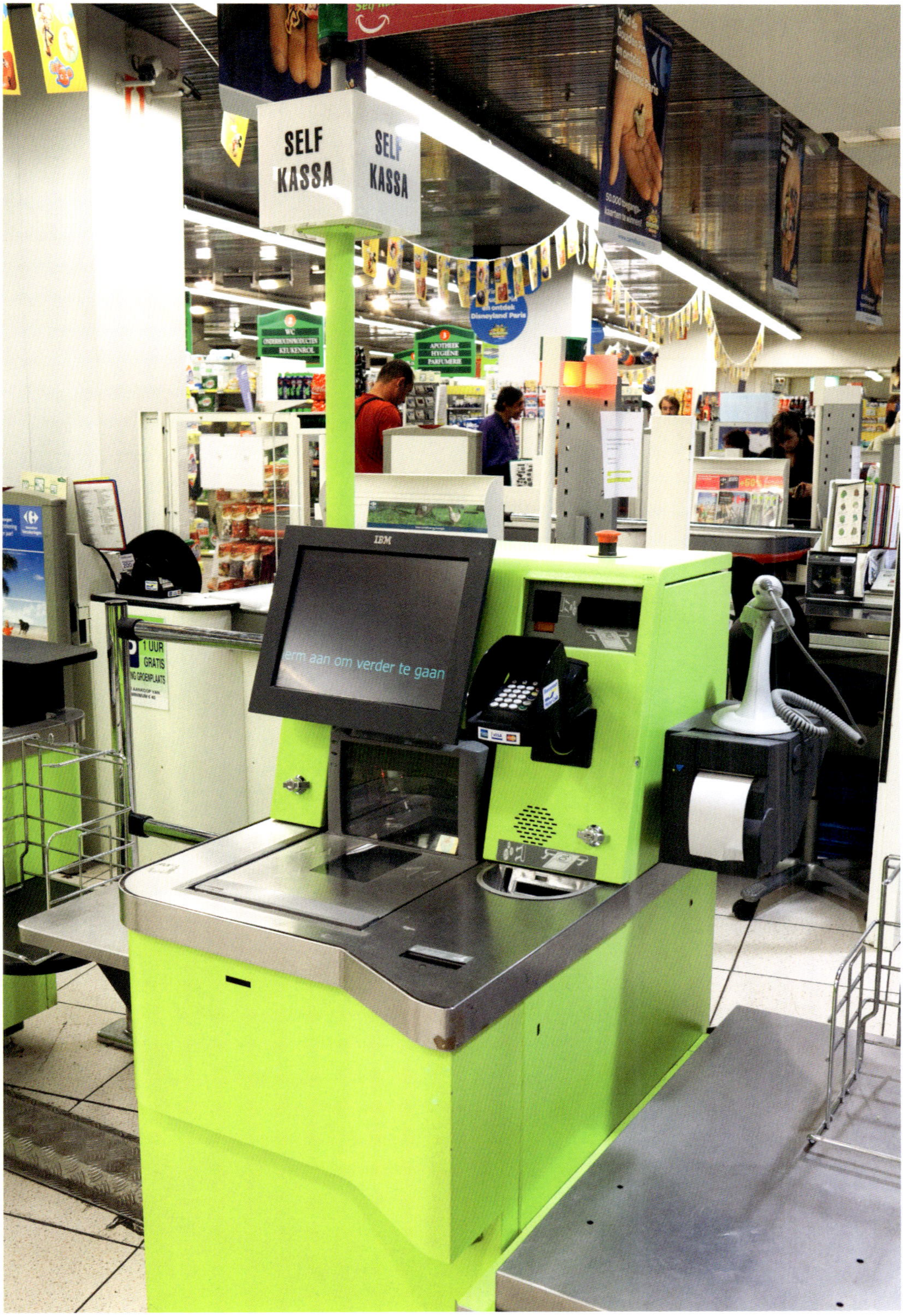
SELF
KASSA
SELF
KASSA
IBM
erm aan om verder te gaan
1 UUR
GRATIS

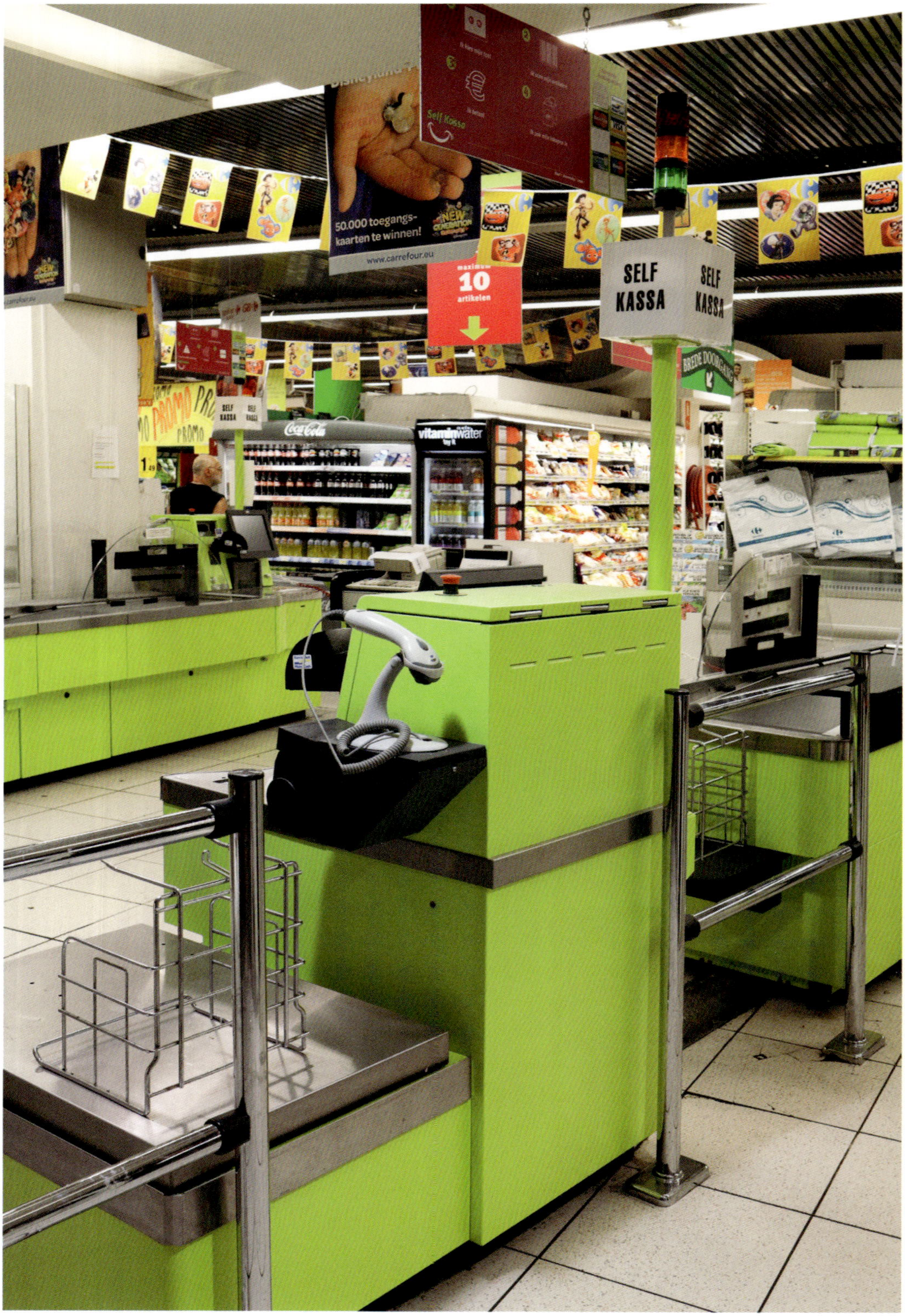
50.000 toegangs-
kaarten te winnen!
www.carrefour.eu
10
artikelen
SELF
KASSA
SELF
KASSA
PROMO
vitaminwater
BREDE DOORGANG

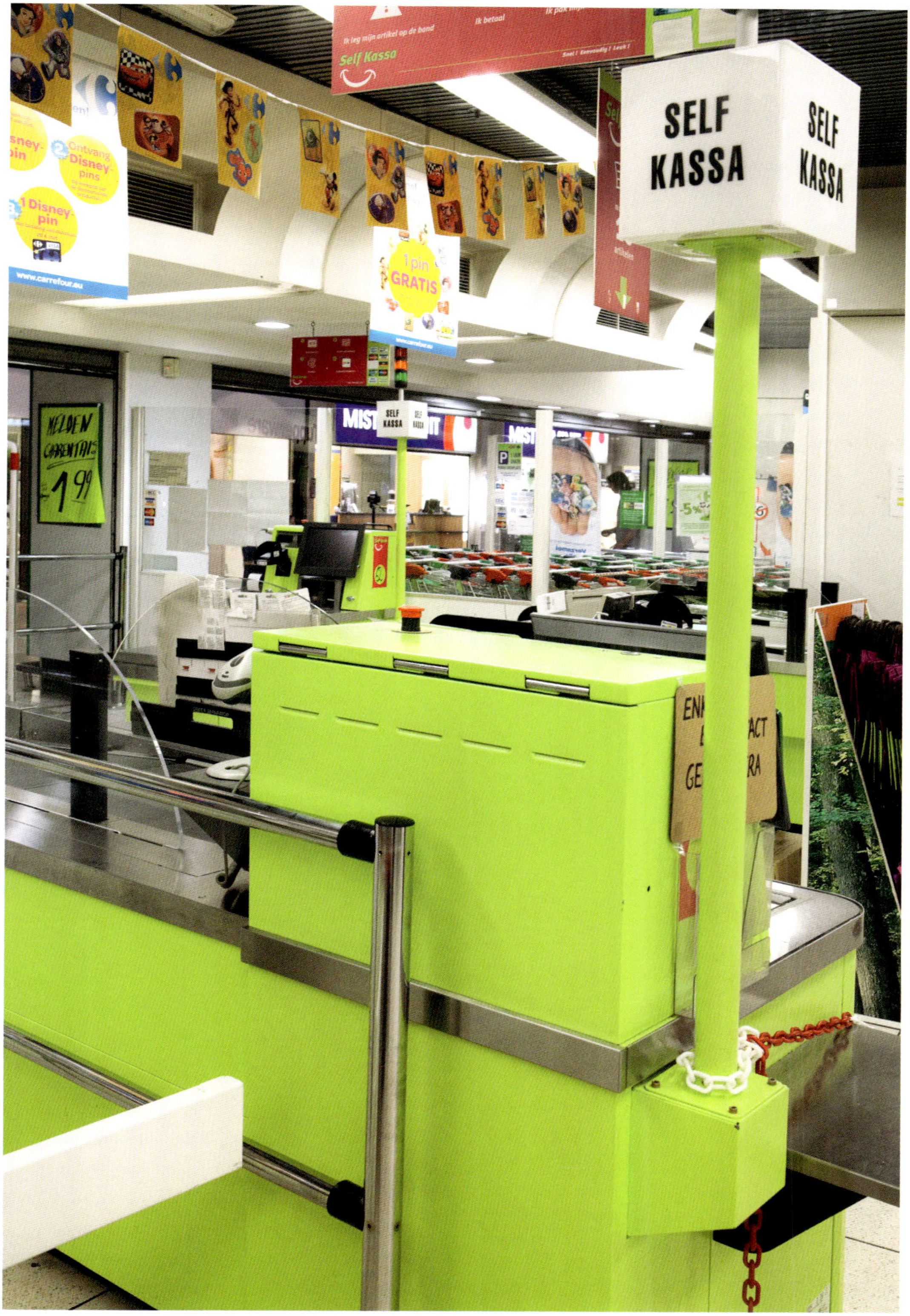
Ik leg mijn artikel op de band
Ik betaal
Self Kassa
SELF KASSA
SELF KASSA
Ontvang Disney-pins
1 Disney-pin
www.carrefour.eu
1 pin GRATIS

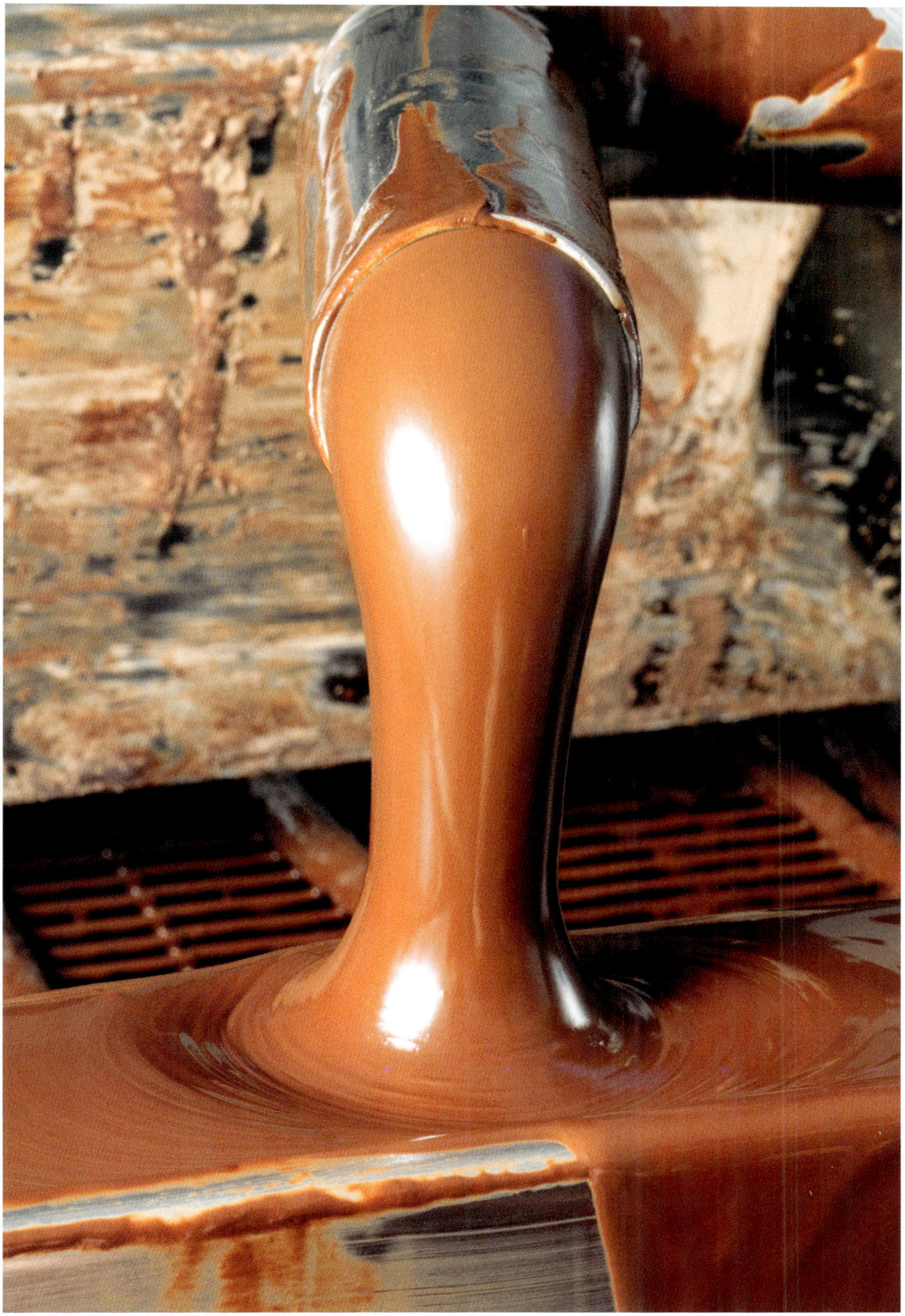

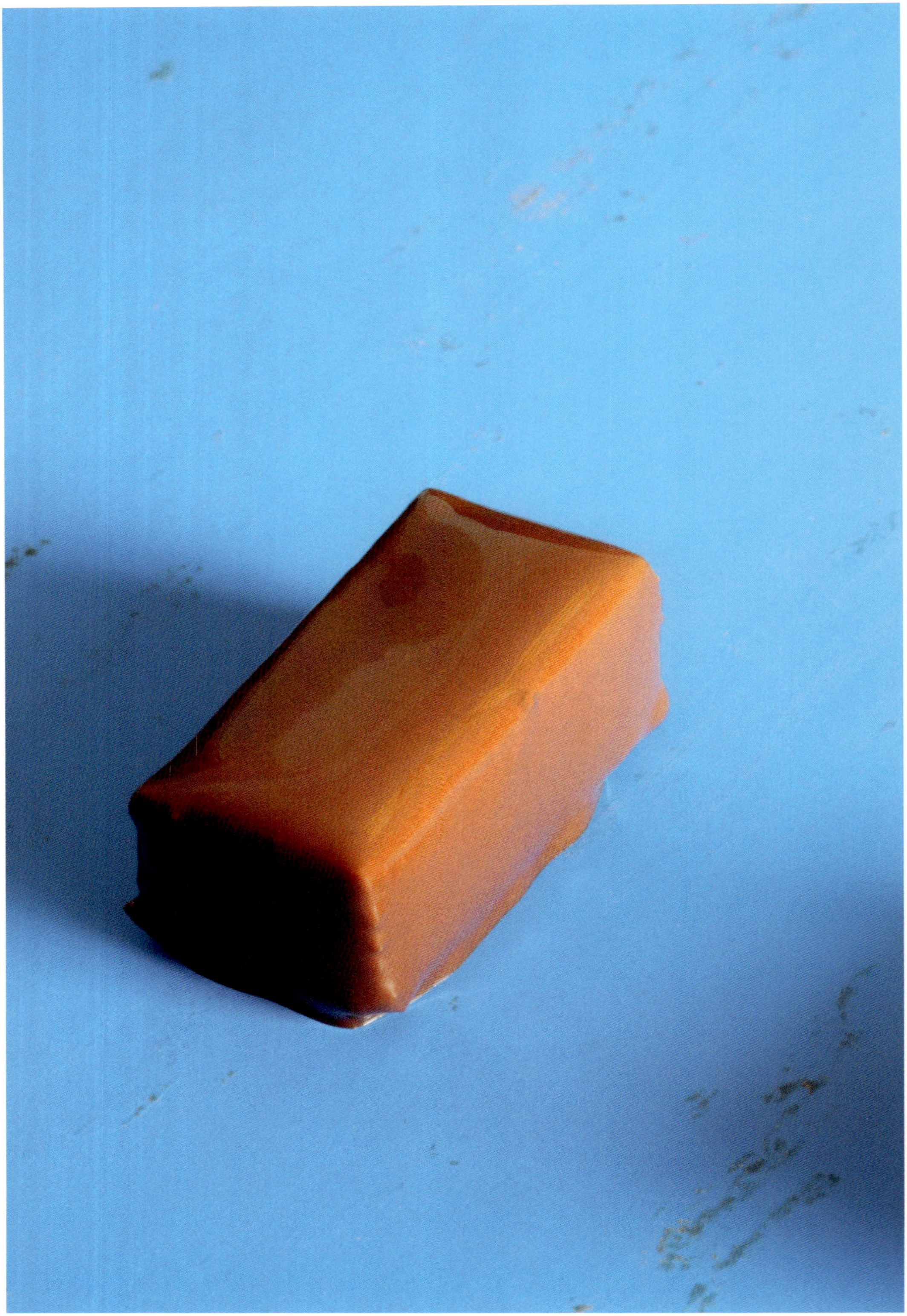

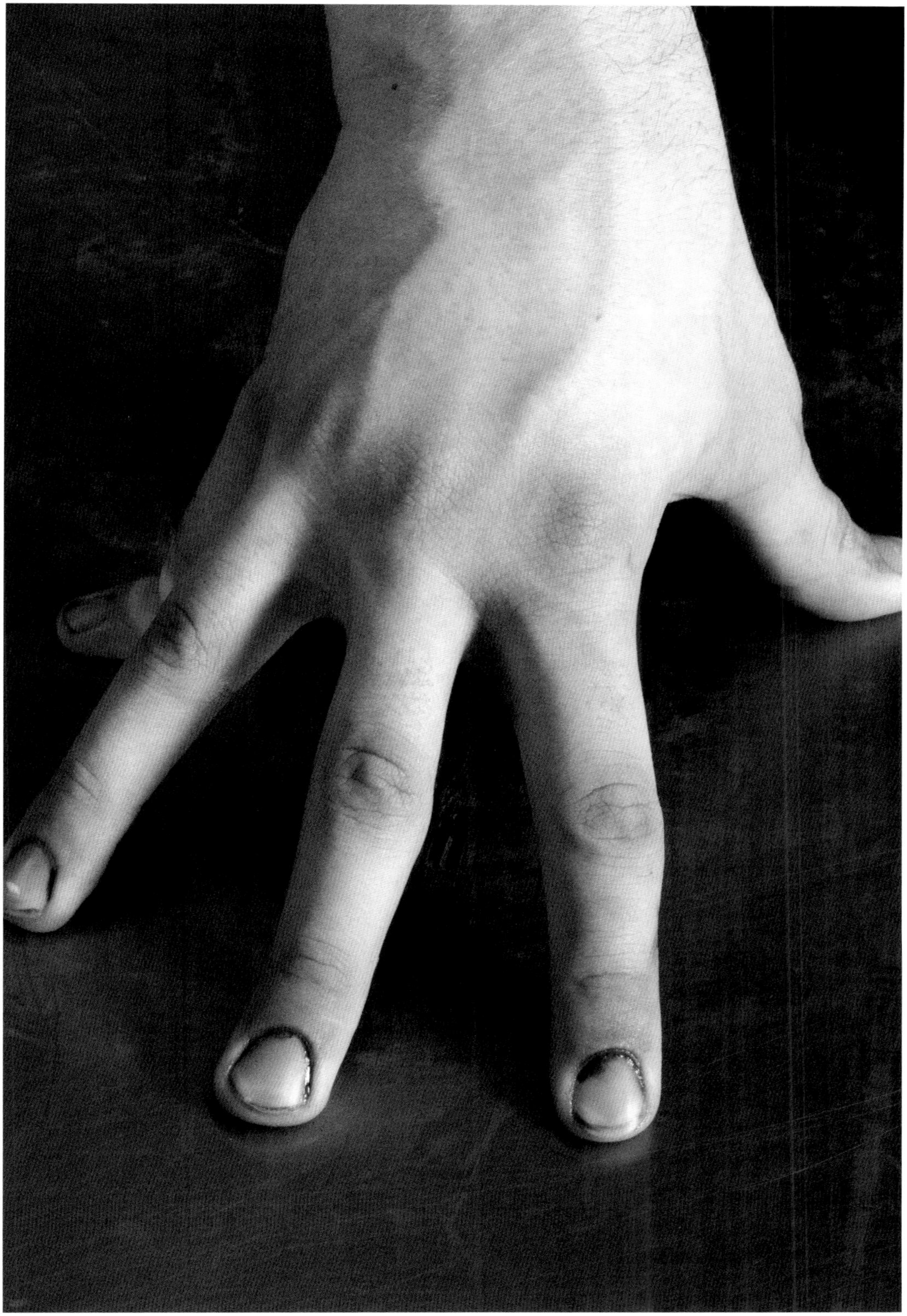

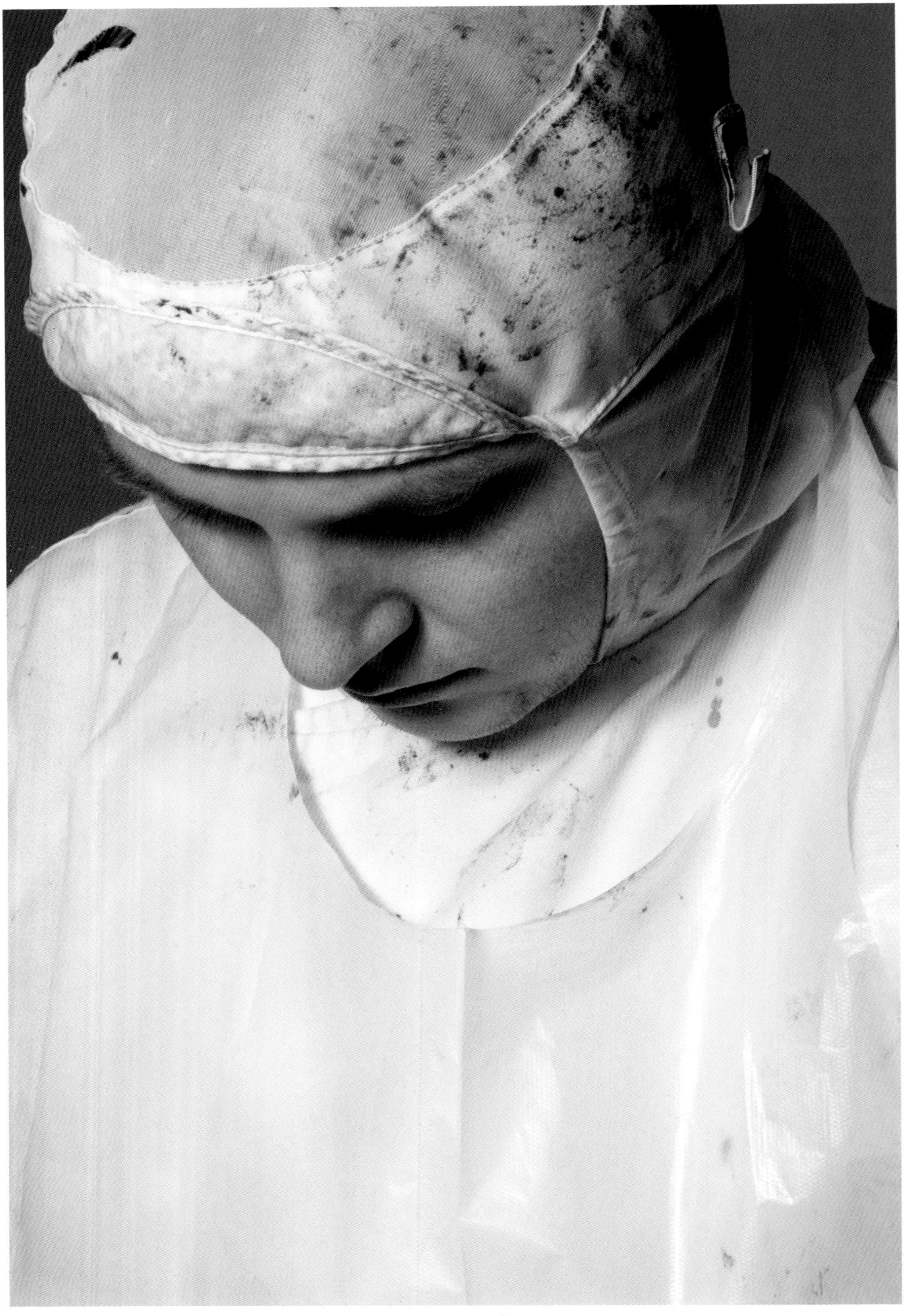

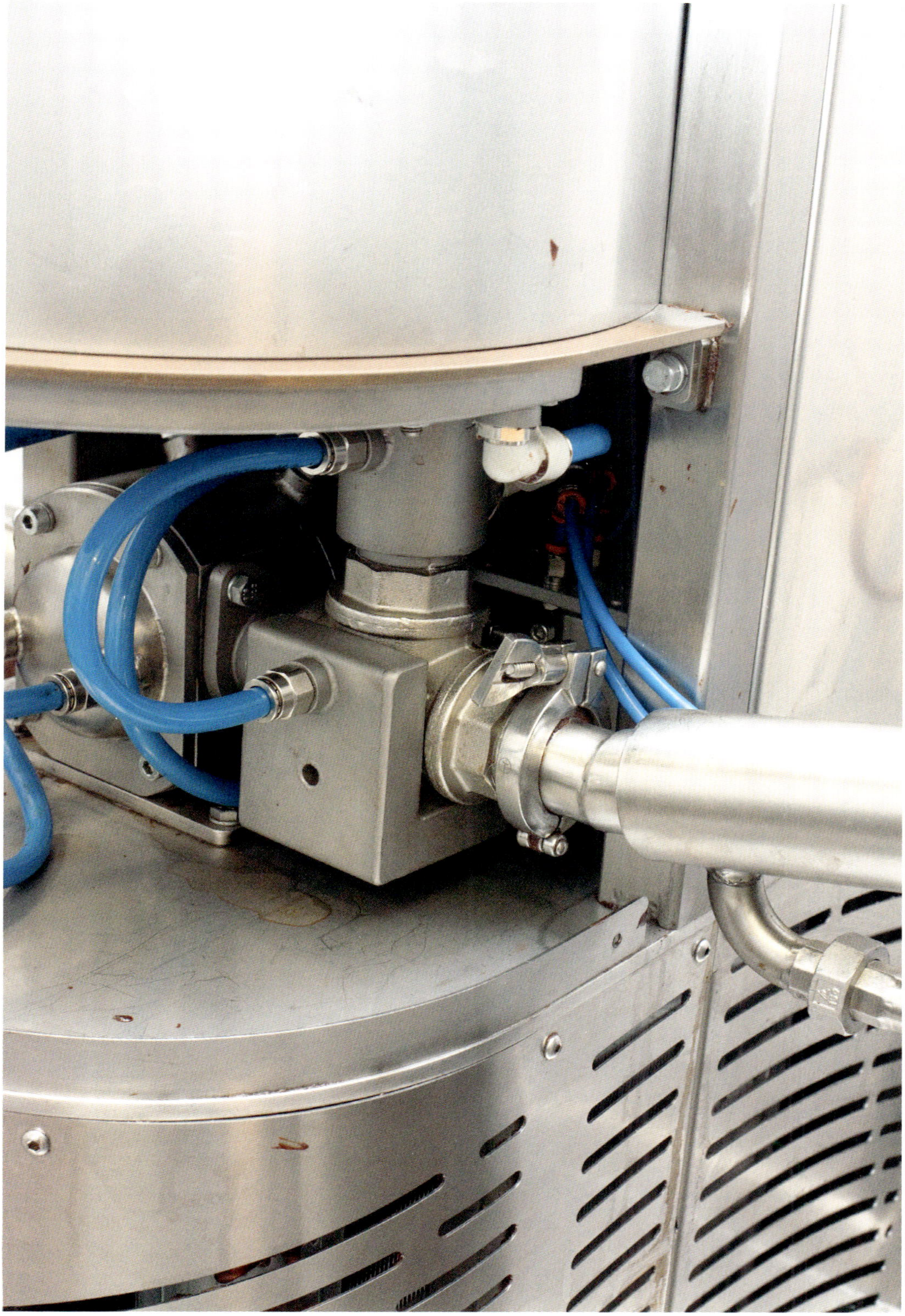

»Ein Mangel an Gegenwärtigkeit entsteht in einer Wirklichkeit, die zugleich unwirklich – weil abstrakt – ist. In einer unwirklichen Gegenwart ist das abwesend, was sie bestimmt, was das Bestimmte gleichgültig erscheinen lässt«, erklärte einmal der marxistische Philosoph Wolfram Pfreundschuh.10 Auf den Fotografien der Serie *LDPE* (seit 2004) sehen die von **Julian Faulhaber** aufgenommenen realen Räume abstrakt und unwirklich aus und vermitteln ein Gefühl von mangelnder Gegenwärtigkeit: Sie erscheinen zeitlos, ortlos, leer und irgendwie gleichgültig, weil sie keine Spuren dessen aufweisen, wofür sie bestimmt sind, nämlich ihrer Nutzung. Die Bilder dieser Serie zeigen zum Beispiel das Interieur eines Schnellrestaurants, das Spielfeld einer Sporthalle, einen Empfangstresen in einem Foyer, ein Rednerpult in einem Vortragssaal, Parkplatzpflaster an einem Hinterausgang oder die Decke eines Büroraums. Alle diese Orte wirken aseptisch und artifiziell, makellos und perfekt, als ob sie unter Laborbedingungen mit der Präzision von Robotern gebaut worden seien, ohne Schweiß und Anstrengung. Faulhaber hat diese eigentlich banalen und rein funktionellen Orte und Einrichtungen kurz nach ihrer Fertigstellung und vor ihrer ersten Inbetriebnahme fotografiert. Sie sind brandneu. Und die Bilder davon (deren Serientitel die Abkürzung des Kunststoffs Low-density polyethylene ist) scheinen zu fragen, ob nun ein Gebrauch dieser Orte – der unweigerlich zu Spuren und Abnutzungen führen würde – überhaupt wünschenswert wäre. Was die unwirkliche Gegenwart dieser Orte bestimmt, war bislang nicht anwesend. Und vielleicht sollte dies auch so bleiben. Die Bühnen stehen bereit, vermutlich aber nur zum Anschauen, denn ein Auftritt würde sie bloß verunreinigen.

Künstlerische Fotograf*innen wissen, dass sich ihr Medium – anders als etwa Malerei, die vom ersten Pinselstrich an eine Setzung ist – durch einen indexikalischen Bezug zur Wirklichkeit auszeichnet und dass Rezipient*innen genau darauf konditioniert sind. Sie können (und müssen) damit kalkulieren. Julian Faulhabers Fotografien sind indexikalische Abdrücke der Wirklichkeit, sie wurden nicht manipuliert, sehen aber so aus: fast unecht, wie 3D-Animationen. Die präzis kalkulierten Bilder bestechen durch ihre stets mit vorhandenem Kunstlicht austarierte Farbigkeit, die punktgenauen Ausschnitte und ihre gekonnten Kompositionen von Linien und Flächen. Allein mit solchen klassischen, aus dem analogen Zeitalter bekannten Aufnahmetechniken gelingt dem Künstler die wirkungsvolle Betonung der »artifiziellen Präsenz«[11] der vorgezeigten Orte. Sie erscheinen vertraut und fremd zugleich – und sind deswegen unheimlich. Es handelt sich um Konstruktionen in einem Idealzustand, die als das absolut Neue den Wunsch nach dem Unberührten adressieren, nach klinischer Sterilität. Zugleich repräsentieren sie das erstmalige, originelle Sehen des Unbekannten als Ereignis: ein Sehen, das am Ende noch jedes Fotografieren angetrieben hat, weil der Lauf des Lebens die Suche nach der Zeitlichkeit ist. Da solche Orte und Stellen zwar von Menschen gemacht sind und diese nun aber eigentlich nicht mehr brauchen, werden sie zu dem, was der Ethnologe Marc Augé »Nicht-Orte« nannte: urbane Transiträume, denen wegen ihres Mangels an menschlicher Interaktion der Status eines Ortes im anthropologischen Sinne abzusprechen sei.[12]

10 Wolfram Pfreundschuh, »Gegenwärtigkeit«, zit. nach: https://kulturkritik.net/begriffe/begr_txt.php?lex=gegenwaertigkeit

11 Vgl. Lambert Wiesing, *Artifizielle Präsenz. Studien zur Philosophie des Bildes*, Frankfurt am Main: Suhrkamp, 2005.

12 Vgl. Marc Augé, *Orte und Nicht-Orte. Vorüberlegungen zu einer Ethnologie der Einsamkeit*, Frankfurt am Main: Suhrkamp, 1994.

"A lack of presence arises in a reality that is at the same time unreal – because it is abstract. In an unreal present, that which determines it is absent, which makes the determined appear indifferent," the Marxist philosopher Wolfram Pfreundschuh once explained.[10] In the photographs of the series *LDPE* (since 2004), the real spaces photographed by **Julian Faulhaber** appear abstract and unreal and convey a feeling of a lack of presence: They appear timeless, placeless, empty, and somehow indifferent, because they reveal no traces of what they are intended for, namely their use. The pictures in this series depict, for example, the interior of a fast food restaurant, the playing field of a sports center, a reception desk in a foyer, a speaker's podium in a lecture hall, the pavement of a parking lot at a rear exit, or the ceiling of an office space. All these places seem aseptic and artificial, flawless and perfect, as if they had been built under laboratory conditions with the precision of robots, without sweat or effort. Faulhaber photographed these actually banal and purely functional places and facilities shortly after their completion and before they were used for the first time. They are brand new. And the images of them (whose series title is the abbreviation of the plastic low-density polyethylene) seem to ask whether the utilization of these places – which would inevitably lead to signs of use and wear – is desirable in the first place. What determines the unreal presence of these places was not yet present. And perhaps this should remain so. The stages are set, but presumably only for viewing, because a performance would only contaminate them.

Art photographers are aware that their medium – unlike painting, for example, which is a positioning from the first brushstroke – is characterized by an indexical reference to reality and that recipients are conditioned precisely by this. They can (and must) calculate with it. Julian Faulhaber's photographs are indexical impressions of reality; they were not manipulated, but they look as though they have been: they appear almost artificial, like 3D animations. The precisely calculated images captivate the viewer with their colorfulness, which is always balanced with the presence of artificial light, the extremely precise details, and their skillful compositions of lines and surfaces. Only with such classical exposure techniques, known from the analog age, can the artist effectively emphasize the "artificial presence"[11] of the places depicted. They appear familiar and strange at the same time – and are therefore uncanny. They are constructions in an ideal state which, as the absolutely new, address the desire for the untouched, for clinical sterility. They simultaneously represent the first, original seeing of the unknown as an event: a seeing that has ultimately driven every photograph, because the course of life is the search for temporality. Since such sites and places are made by humans who no longer actually need them, they become what the ethnologist Marc Augé called "non-places": urban transit spaces which, due to their lack of human interaction, can be denied the status of a place in the anthropological sense.[12]

[10] Wolfram Pfreundschuh, "Gegenwärtigkeit," quoted in: https://kulturkritik.net/begriffe/begr_txt.php?lex=gegenwaertigkeit [translated].

[11] See: Lambert Wiesing, *Artifizielle Präsenz. Studien zur Philosophie des Bildes* (Frankfurt am Main: Suhrkamp, 2005) [translated].

[12] See: Marc Augé, *Orte und Nicht-Orte. Vorüberlegungen zu einer Ethnologie der Einsamkeit* (Frankfurt am Main: Suhrkamp, 1994).

Abbildungen / Images aus der Serie / from the series *LDPE*
in der Reihenfolge ihres Erscheinens / in order of appearance:

Decke / Ceiling, 2006,
C-Print, 50 x 38 cm

Tresen / Counter, 2007,
C-Print, 117 x 150 cm

Hinterausgang / Rear Exit, 2007,
C-Print, 110 x 150 cm

Pult / Desk, 2016,
C-Print, 70 x 48 cm

Baustelle / Construction Site, 2010,
C-Print, 106 x 155 cm

Lot, 2009,
C-Print, 82 x 65 cm

Automaten / Machines, 2007,
C-Print, 145 x 110 cm

Sporthalle / Gymnasium, 2005,
C-Print, 100 x 160 cm

Umschlagabbildung / Cover illustration:
Restaurant, 2004, C-Print, 120 x 150 cm

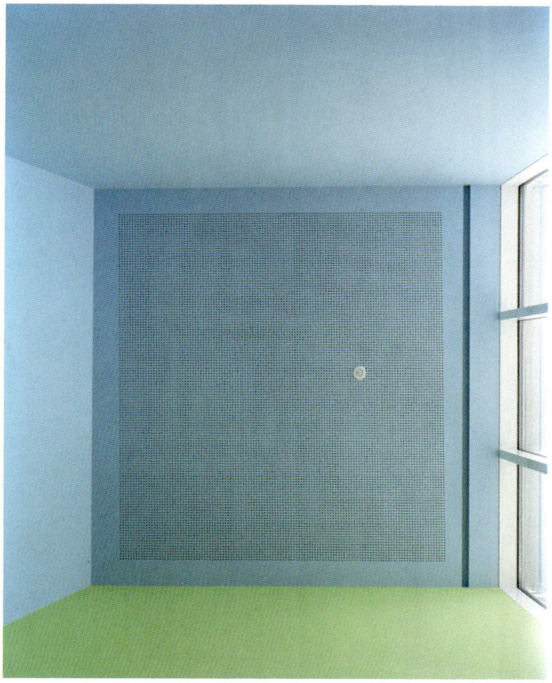

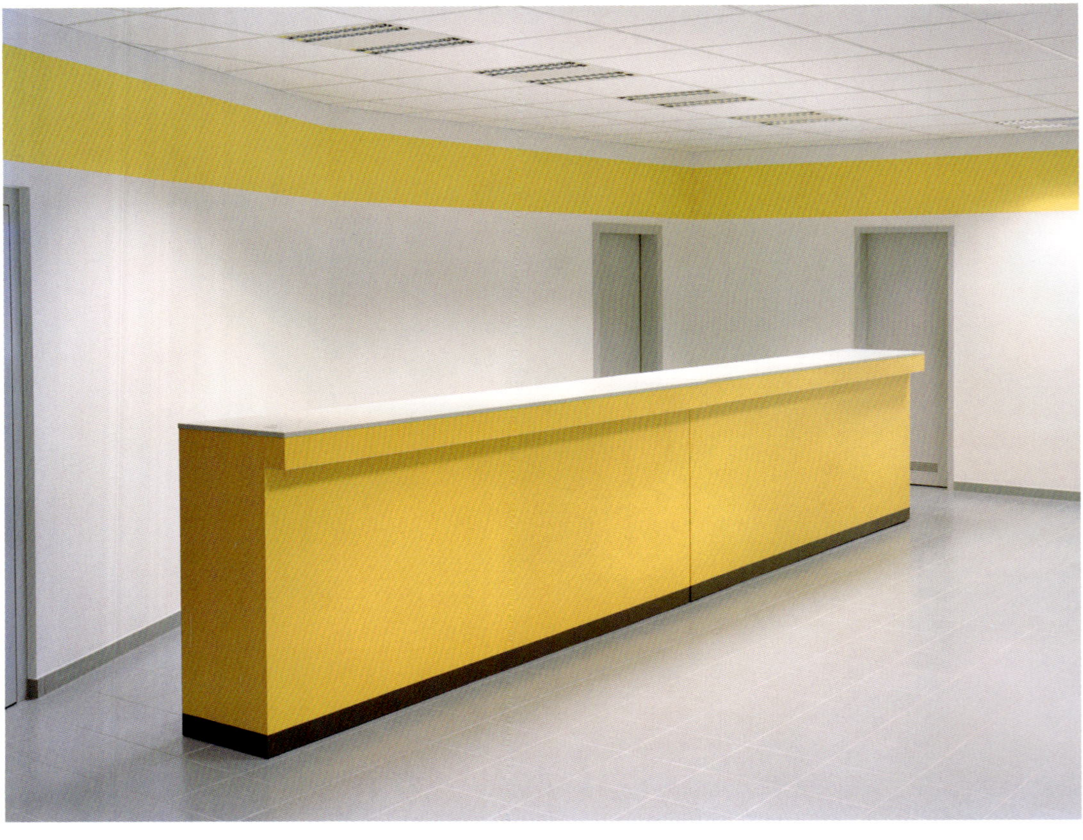

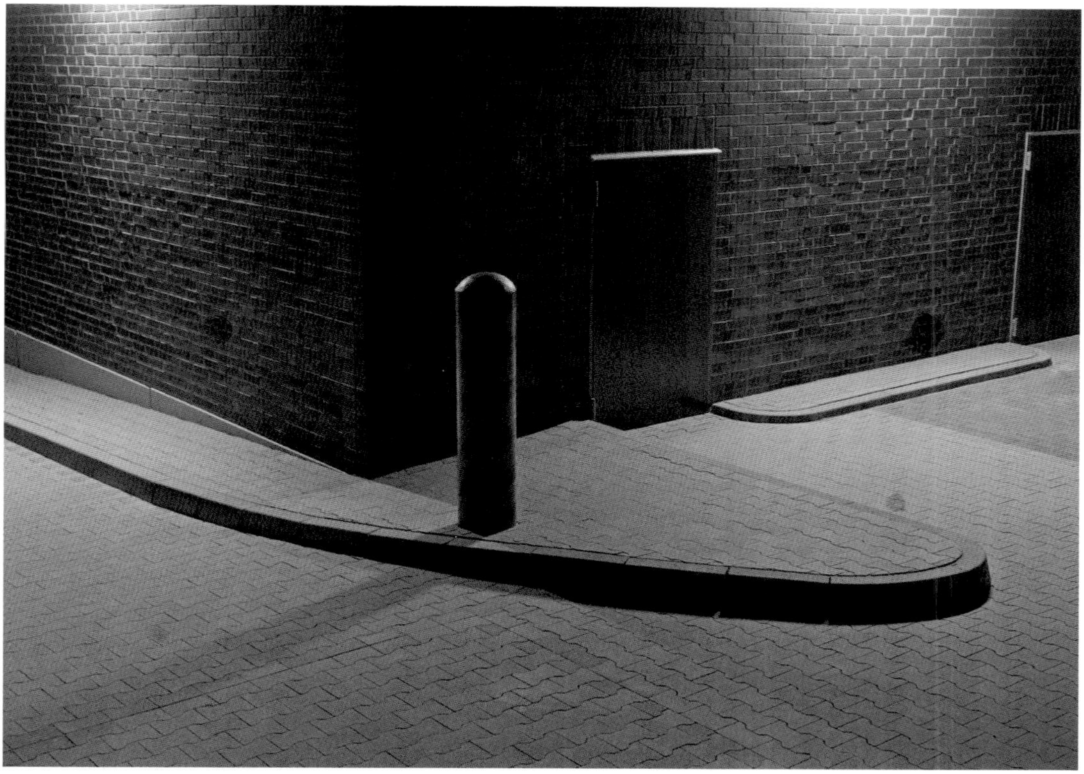

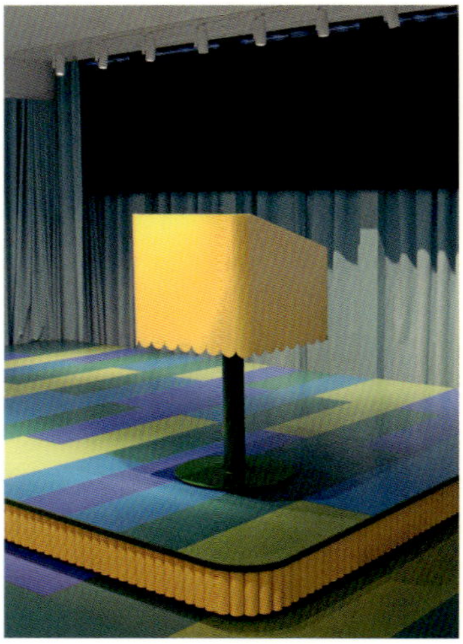

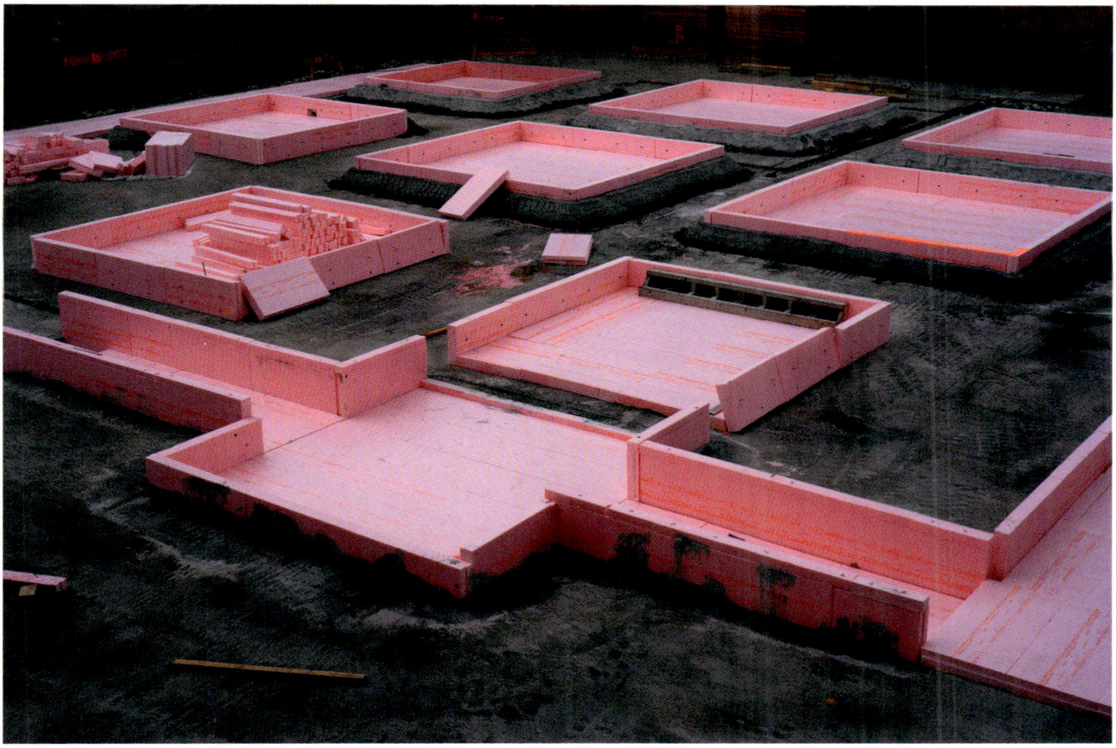

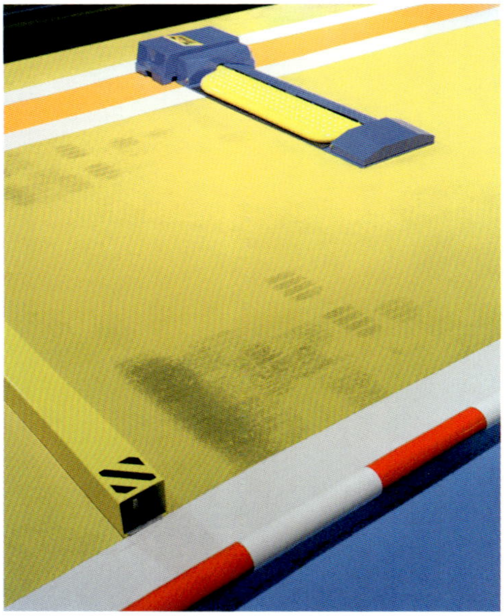

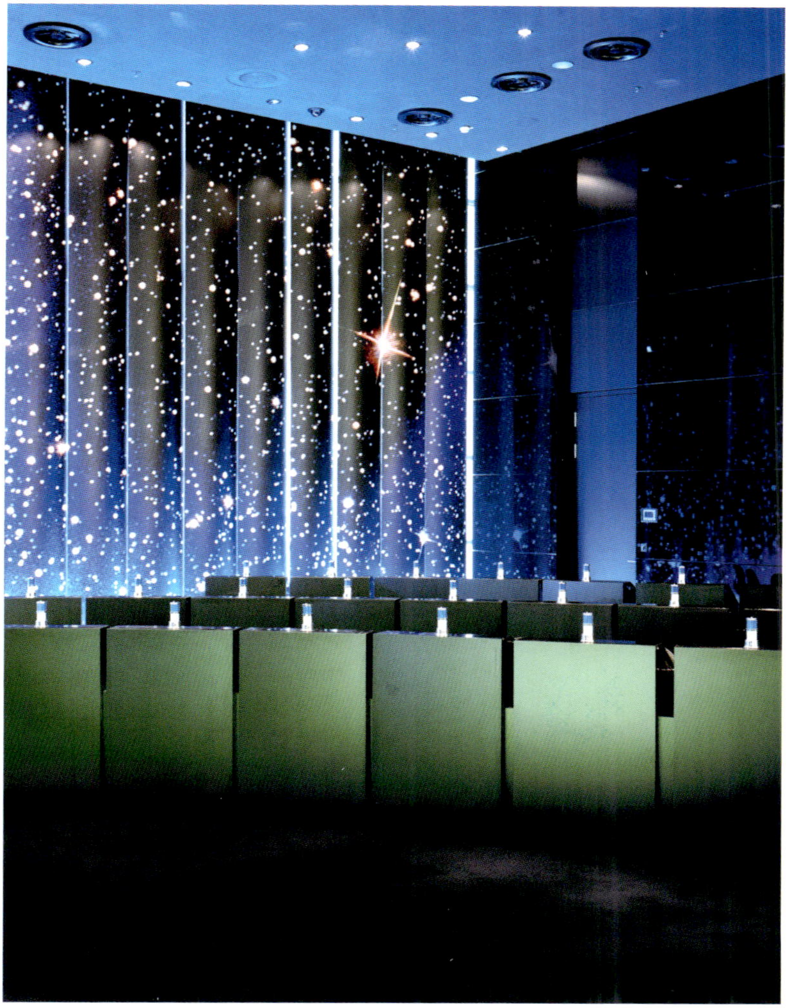

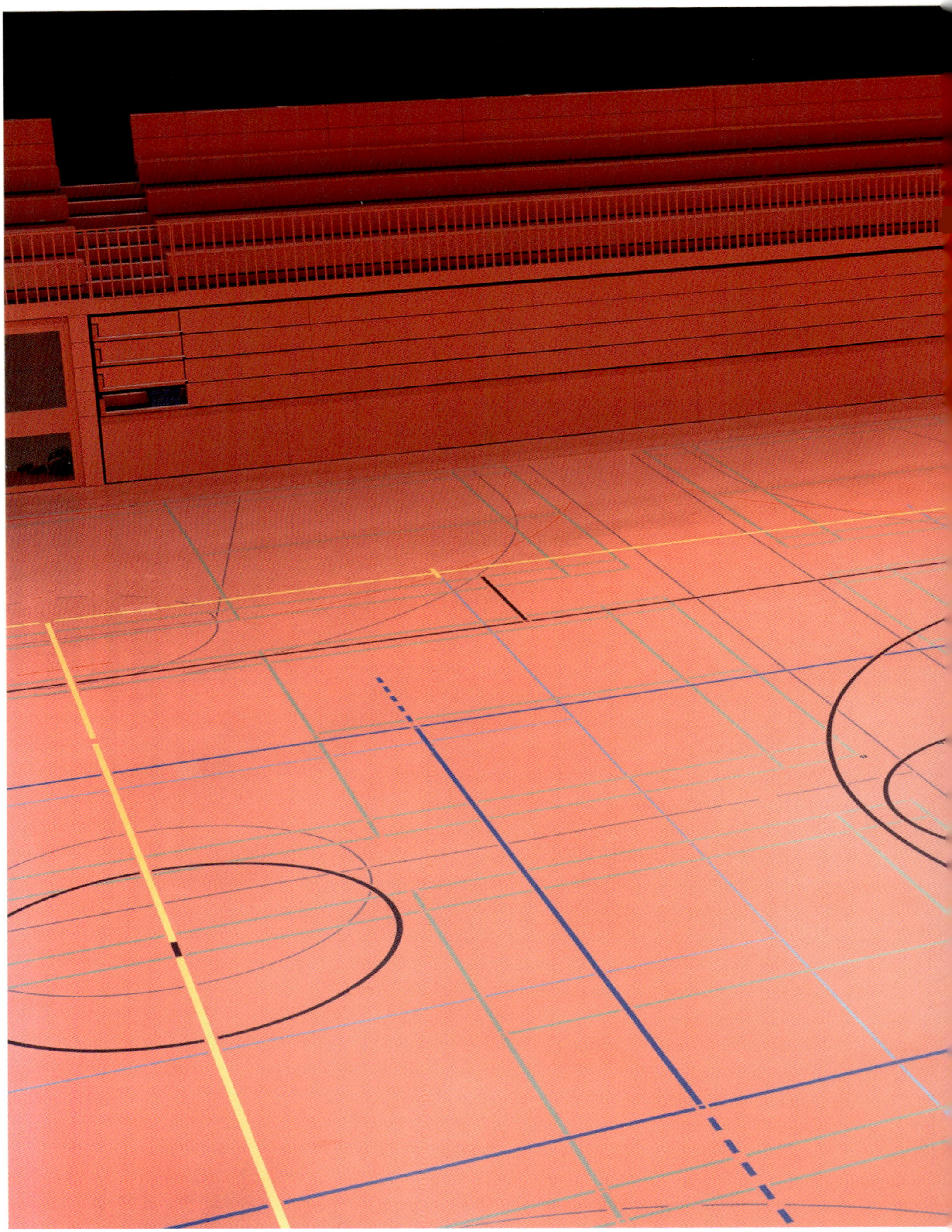

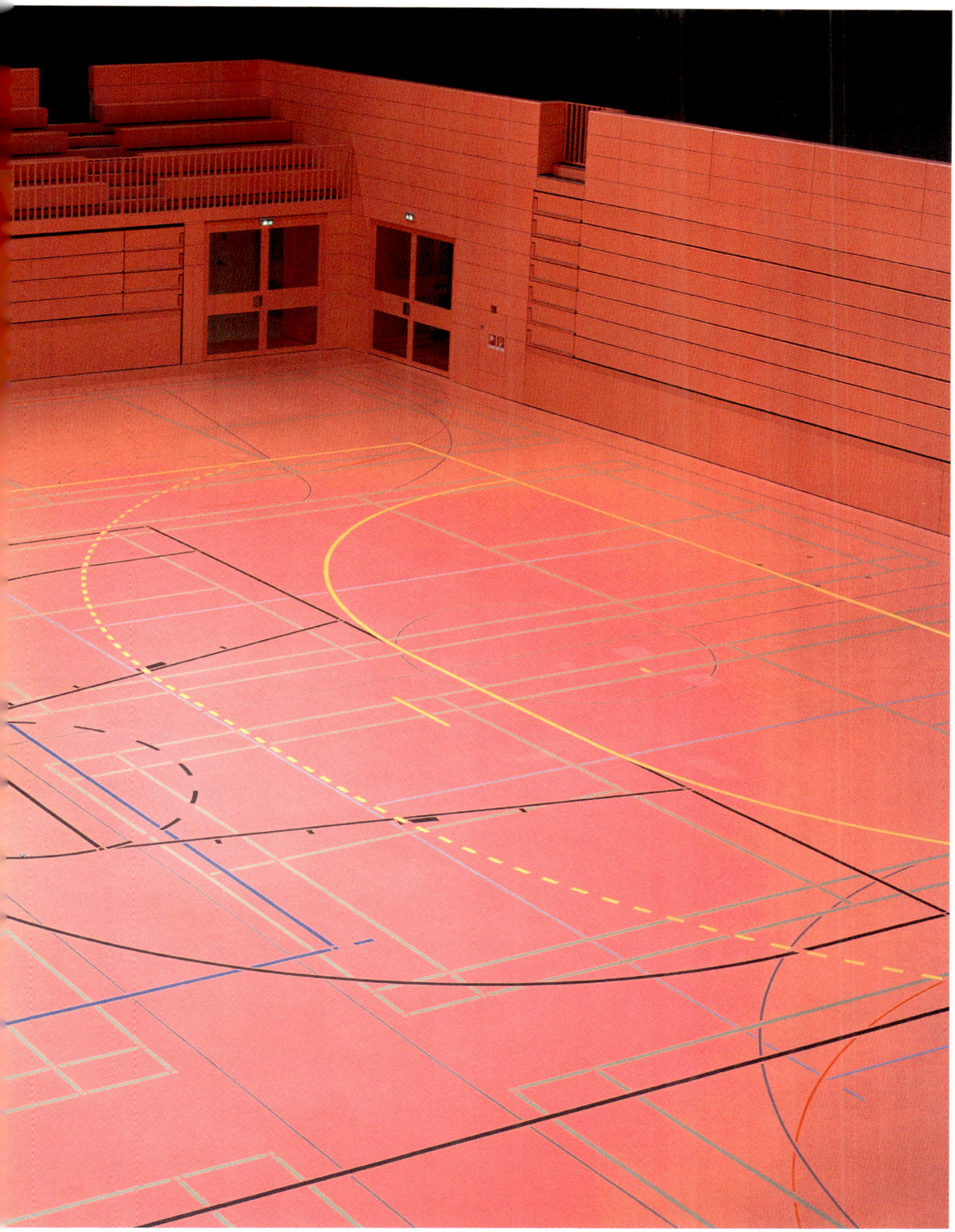

Mareike Foecking hat an der Kunstakademie Düsseldorf in einer Bildhauerei-Klasse studiert und bereits dort ihre Position als künstlerische Fotografin etabliert. Ihre Aufnahmen mündeten zunächst in skulpturale Rauminstallationen und Porträts, später in offene Arrangements an der Ausstellungswand. Bald darauf stellte sie der synoptischen Ausbreitung im Raum die sukzessive Präsentation in der Zeit gegenüber, indem sie ihre Fotografien in unterschiedlichen Medienkontexten (Bücher, Zeitschriften, später auch im Internet) spezifisch platzierte. Da Bilder heute nicht mehr nur ortsfest, sondern vor allem mobil verfügbar sind und sie daher weniger einen bestimmten Inhalt als eher eine rein kontextuelle Bedeutung nahe legen, empfiehlt sich ihr Gebrauch als »semantische Ressource für ganz unterschiedliche Zwecke und Formate«, wie Wolfgang Ullrich bemerkte.[13] Dabei führt die potenziell unbegrenzte Präsenz der Bilder und der Verlust ihrer Verortung in Raum und Zeit – ganz unerwartet – zu einer Wiederkehr der Autonomie der Fotografie.

In ihrer theoretisch fundierten, konzeptuellen Kunst beschäftigt sich Foecking grundlegend mit dem Status von fotografischen Bildern: Welchen Möglichkeitsbedingungen unterliegen sie (hinsichtlich des physischen Trägermaterials und aufnahmetechnischer Aspekte genauso wie etwa urheberrechtlicher Fragen), wie weit reichen sie (von der Diskussion des Parergons bis zu jener der Distributionskanäle), welche Machtpotenziale können sie aufweisen (wenn sie Bedeutung verweigern, simulieren oder als strategische Fakes platziert werden), und wodurch überhaupt wird eine Abbildung zum Bild? Foecking reflektiert mittels diverser fotografischer Genres über visuelle Stile und Moden und reagiert auf neue Technologien der Digitalisierung und ihrer Einflüsse auf Individuum und Gesellschaft. Da die Künstlerin in der gegenwärtigen Bilderkultur einen gewandelten Begriff von Oberflächigkeit erkennt,[14] ist ein Leitmotiv ihrer Arbeit die Frage nach der Substanz hinter den visuellen Oberflächen: Im wörtlichen wie auch übertragenen Sinn problematisieren ihre Fotografien das Körperhafte zum Beispiel in einer diffusen oder konzentrierten Gestalt, in Licht und Schatten, in Abstraktion und Konkretion, in der Präsenz der Fotografie und in der Absenz ihres Sujets.

Bilder migrieren, sie bieten sich stets neu an, und ihre Lesarten wandeln sich. Dementsprechend setzt Mareike Foecking ihre Fotografien immer wieder in andere Ausstellungs- und Publikationskontexte und schließt begonnene Serien wie zum Beispiel *In There Out There* (seit 2011) nicht ab. Unter diesem Titel zeigt sie eine überraschende Form von Straßenfotografie, die diesbezügliche Gerichtsurteile zur Abwägung zwischen Kunstfreiheit und dem allgemeinen Persönlichkeitsrecht am eigenen Bild zu kommentieren scheint: Foecking nimmt hier nicht mehr Passant*innen im öffentlichen Raum auf, sondern deren Spiegelbilder auf Schaufensterscheiben.

[13] Wolfgang Ullrich, »Bilder als Material«, unveröffentlichter Text, 2016, E-Mail der Künstlerin an den Autor, Sept. 2019.

[14] Dazu Pamela C. Scorzin: »Hinter der Oberfläche muss sich nämlich tatsächlich längst keine Tiefe mehr verbergen oder verstecken, denn gerade ihre Funktion als glatte, glänzende und geschmeidige Kontaktfläche zur Realität und für eine virtuelle Wirklichkeit wird immer bedeutungsvoller. Die Welt wird von uns zunehmend im smarten Screen-Modus erlebt. Denn hier, an dieser Oberfläche entstehen heute die Verbindungen, Verknüpfungen und Verlinkungen, die notwendig werden, um Sinn und Bedeutung erst hervorzubringen – im digitalen Zeitalter sogar regelrecht ‚aufscheinen' zu lassen.« Pamela C. Scorzin, »Reboot Post-Photography for the Digital Age. Mareike Foeckings künstlerischer Beitrag zum Photographischen in der nachmodernen Netzwerkkultur«, in: Mareike Foecking, *Reality hung up so I called*, Köln: Darling Publications, 2016, S. 9.

Mareike Foecking studied sculpture at the Academy of Art in Düsseldorf, where she already established her position as an art photographer. Her photographs led first to sculptural installations and portraits and later to open arrangements on the wall. Soon afterwards, she contrasted the synoptic spreading in space with the successive presentation in time by placing her photographs specifically in various media contexts (books, magazines, later also on the Internet). Since images today are no longer available solely in one specific location but are above all mobile and therefore suggest less a particular content than a purely contextual meaning, their use as a "semantic resource for entirely different purposes and formats" is recommended, as Wolfgang Ullrich remarked.[13] The potentially unlimited presence of the images and the loss of their localization in space and time leads – quite unexpectedly – to a return of the autonomy of photography.

In her theoretical, conceptual art, Foecking deals fundamentally with the status of photographic images: What conditions of possibility are they subject to (with regard to physical substrate material and aspects of exposure techniques as well as copyright issues); how far do they reach (from the discussion of the parergon to that of distribution channels); what power potentials can they exhibit (if they refuse meaning, simulate, or are placed as strategic fakes); and how does a reproduction become an image in the first place? Foecking reflects through various photographic genres on visual styles and fashions and responds to new technologies of digitization and their impact on individuals and society. Since the artist recognizes an altered notion of superficiality in contemporary visual culture,[14] one leitmotif of her work is the question of the substance behind visual surfaces: In the literal as well as in the figurative sense, her photographs problematize the physical, for example in a diffuse or concentrated form, in light and shadow, in abstraction and concretion, in the presence of photography and in the absence of its subject.

Images migrate, they constantly offer themselves anew, and their interpretations change. Accordingly, Mareike Foecking repeatedly places her photographs in different exhibition and publication contexts and does not complete series she has begun, such as *In There Out There* (since 2011). In this series, she presents a surprising form of street photography which seems to comment on court rulings relating to the balance between artistic freedom and a person's right to one's own image: Here, Foecking no longer photographs passers-by in public spaces, but rather their mirror images in shop windows. Each of these portraits is dominated by a suggestive color space that results from the blurriness of the window display and light inflections of the surroundings lending an aura to that which has been indirectly depicted. It appears as though the individual passers-by move in different hues or moods, that is to say each in their own world. They remain anonymous, and Foecking does not give any indication of the precise place or time.

[13] Wolfgang Ullrich, "Bilder als Material," unpublished text, 2016; e-mail from the artist to the author, September 2019 [translated].

[14] Pamela C. Scorzin states in this context: "In fact, depth no longer needs to hide or conceal itself behind the surface, for it is precisely its function as a smooth, shiny, and supple surface of contact with reality and for a virtual reality which is becoming more and more important. We are increasingly experiencing the world in smart screen mode. Because here, on this surface, the contacts, connections, and links that become necessary in order to bring meaning and significance to life are created—in the digital age to even veritably 'appear.'" Pamela C. Scorzin, "Reboot Post-Photography for the Digital Age. Mareike Foeckings künstlerischer Beitrag zum Photographischen in der nachmodernen Netzwerkkultur," in: Mareike Foecking, *Reality hung up so I called* (Cologne: Darling Publications, 2016), p. 9 [translated].

Jedes dieser Porträts wird von einem suggestiven Farbraum dominiert, der aus der Unschärfe der Geschäftsauslage und Lichtfaktoren der Umgebung resultiert und den indirekt Abgebildeten eine Aura verleiht. Es scheint, als ob sich die individuellen Passant*innen in verschiedenen Farbtönungen oder Stimmungen bewegen, also in ihrer jeweils eigenen Welt. Sie bleiben anonym und Foecking gibt weder zu Ort noch Zeitpunkt einen Hinweis. Diese Fotografien könnten in jeder Stadt und jedem Jetzt gemacht worden sein, sie sind offenbar universal gültig, und deswegen gerät hier die flüchtige Präsenz der im urbanen Raum Vorbeigehenden zum Monument des Moments. In der Ausstellung *An Ort und Stelle. Fotografie des Gegenwärtigen* werden sie in einer Reihung aus sieben großen Hochformaten präsentiert, die an eine Galerie aus heroischen Ahnenbildern erinnern mag. Die Versiegelung der Prints unter Plexiglas steigert ihre Bildtiefe und reflektiert die Betrachter*innen. Zugleich betont der »wet look« des Diasec die Immaterialität der Spiegelbilder.

Die Serie *Blocked Shops* (seit 2011) begann Mareike Foecking mit menschenleeren Aufnahmen während der Karnevalsumzüge in Düsseldorf: Wenn alljährlich Luxusgeschäfte der globalisierten Modeindustrie sicherheitshalber ihre Ladenfronten verbarrikadieren, dann werden Parallelwelten voneinander getrennt und Konflikte um die Hegemonie von Kulturen materialisiert. »Wer bleibt ausgesperrt, oder abgeschottet, und wer muss hier vor wem geschützt werden? Und wer hat heute durch allgegenwärtige visuelle Markierungen – etwa im Schrif zug des unübersehbaren Markenlogos oder der spontanen anonymen Graffiti – eigentlich die Deutungshoheit über den öffentlichen Raum der Straße, der Stadt?«, fragt Pamela C. Scorzin.[15] Letztlich sind Bilder immer Fenster zur Welt und hier entstehen sie just aus den blockierten Laden-Dioramen, die zu Screens für andere visuelle Platznahmen werden.

Abbildungen / Images
in der Reihenfolge ihres Erscheinens / in order of appearance:

Aus der Serie / From the series *In There, Out There*,
7 Diasecs, je / each 200 x 150 cm:
Legs in Clouds, 2015, *Green Streak*, 2019, *The HappyHippie Place*, 2018,
Yellow Blob, 2019, *No Looking Back*, 2019, *Red Is Cathartic*, 2019,
Some Three, 2019

Blocked Shops,
24 C-Prints auf Sperrholz / on ply wood, div. Maße / various dimensions

[15] Ebd., S. 14.

These photographs could have been taken in any city and any "now"; they are evidently universally valid, and that is why, here, the fleeting presence of passers-by in urban spaces becomes a monument to the moment. In the exhibition *On the Spot. Photography of Presence,* they are presented in a row of seven large vertical formats, reminiscent of a gallery of heroic ancestral portraits. The sealing of the prints under plexiglass increases their pictorial depth and reflects the viewer. At the same time, the "wet look" of the Diasec emphasizes the immateriality of the mirror images.

Mareike Foecking began the *Blocked Shops* series (since 2011) with shots devoid of any people during the Carnival processions in Düsseldorf: When luxury boutiques of the globalized fashion industry barricade their storefronts each year for safety's sake, parallel worlds are separated from each other and conflicts surrounding the hegemony of cultures materialize. "Who remains locked out or isolated, and who must be protected from whom? And who actually has the sovereignty to interpret the public space of the street, the city, through omnipresent visual markings – for example in the lettering of the conspicuous brand logos or the spontaneous anonymous graffiti," asks Pamela C. Scorzin.[15] Ultimately, pictures are always windows to the world, and here they are created precisely from the blocked shop dioramas, which become screens for other visual place claims.

15 Ibid., p. 14 [translated].

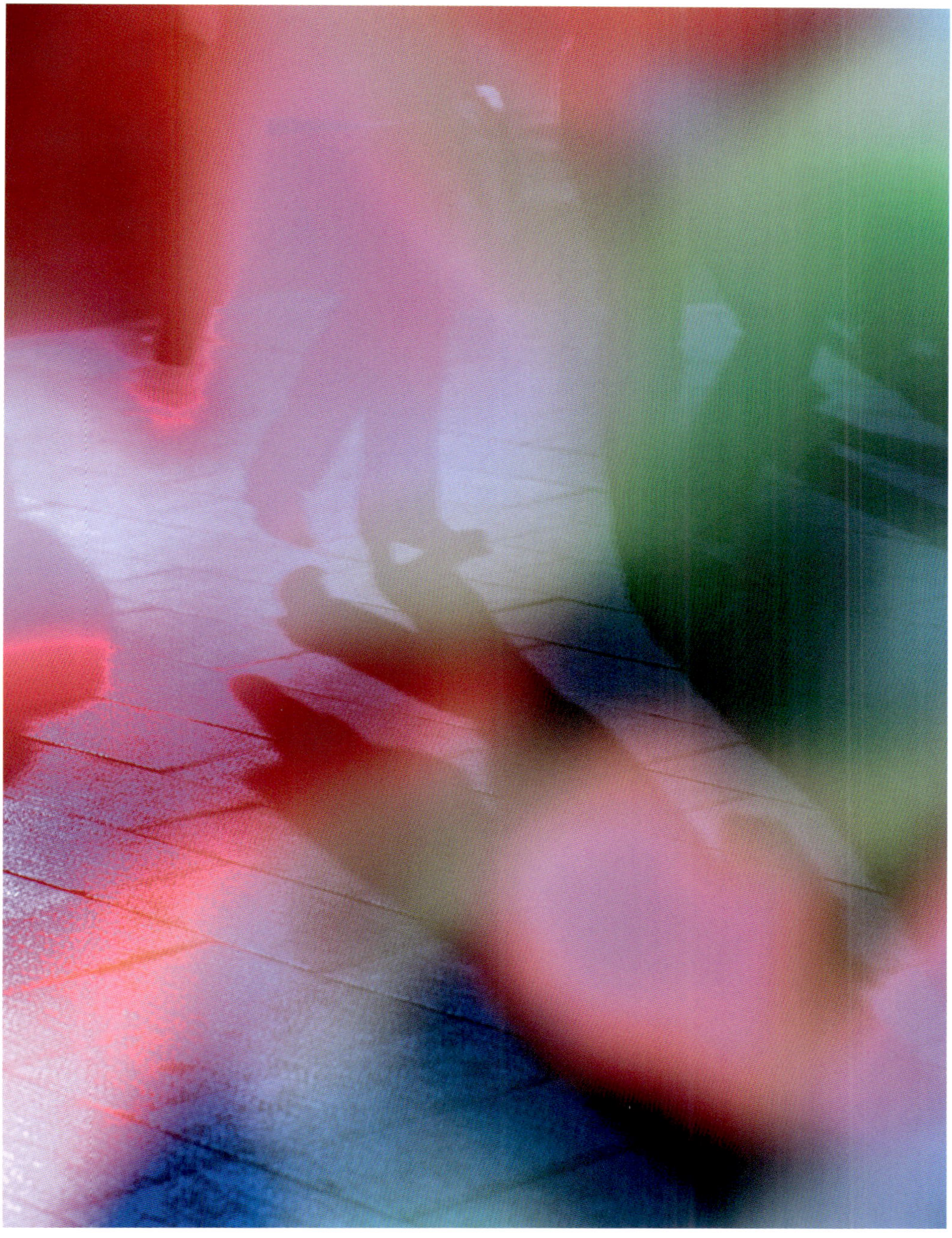

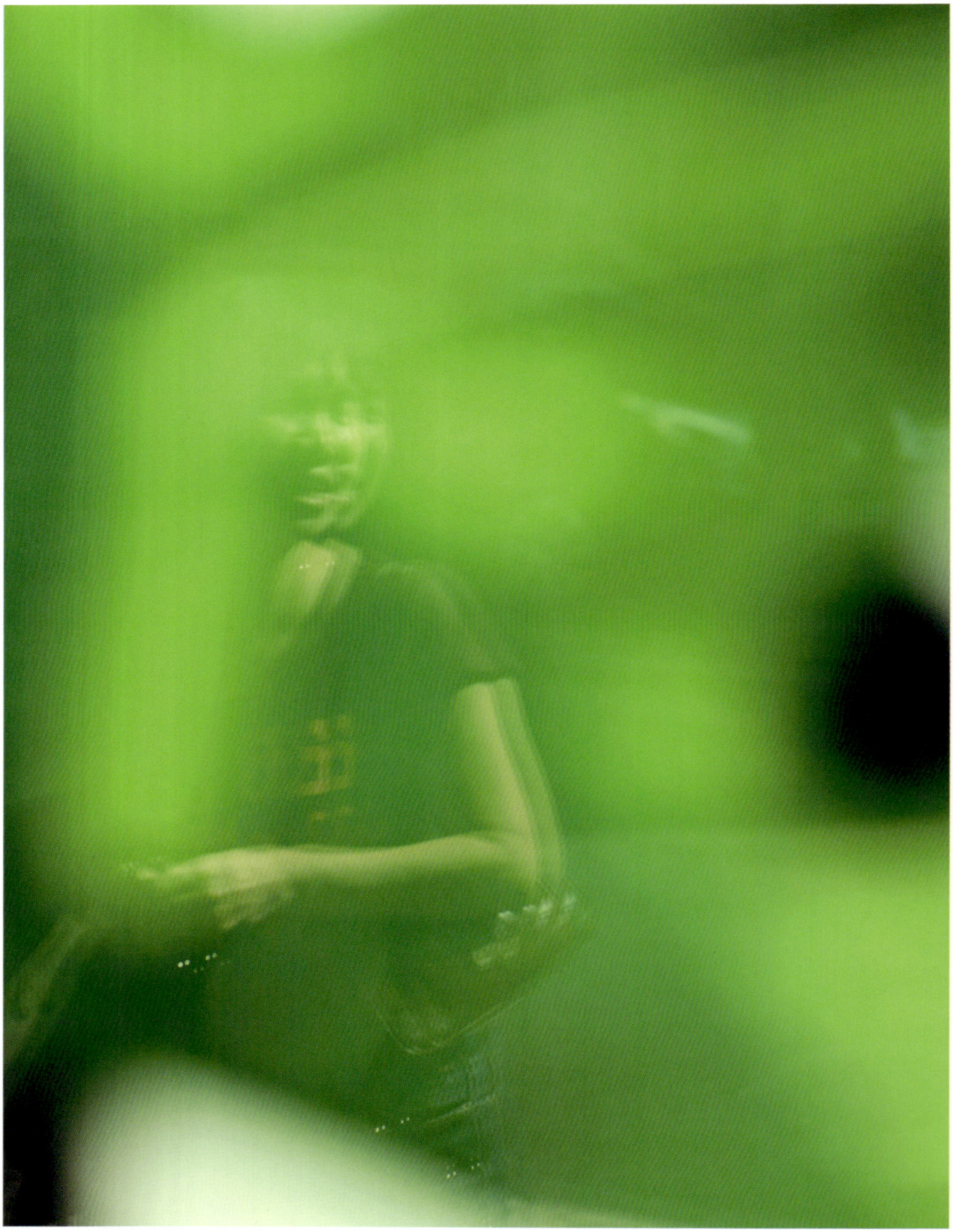

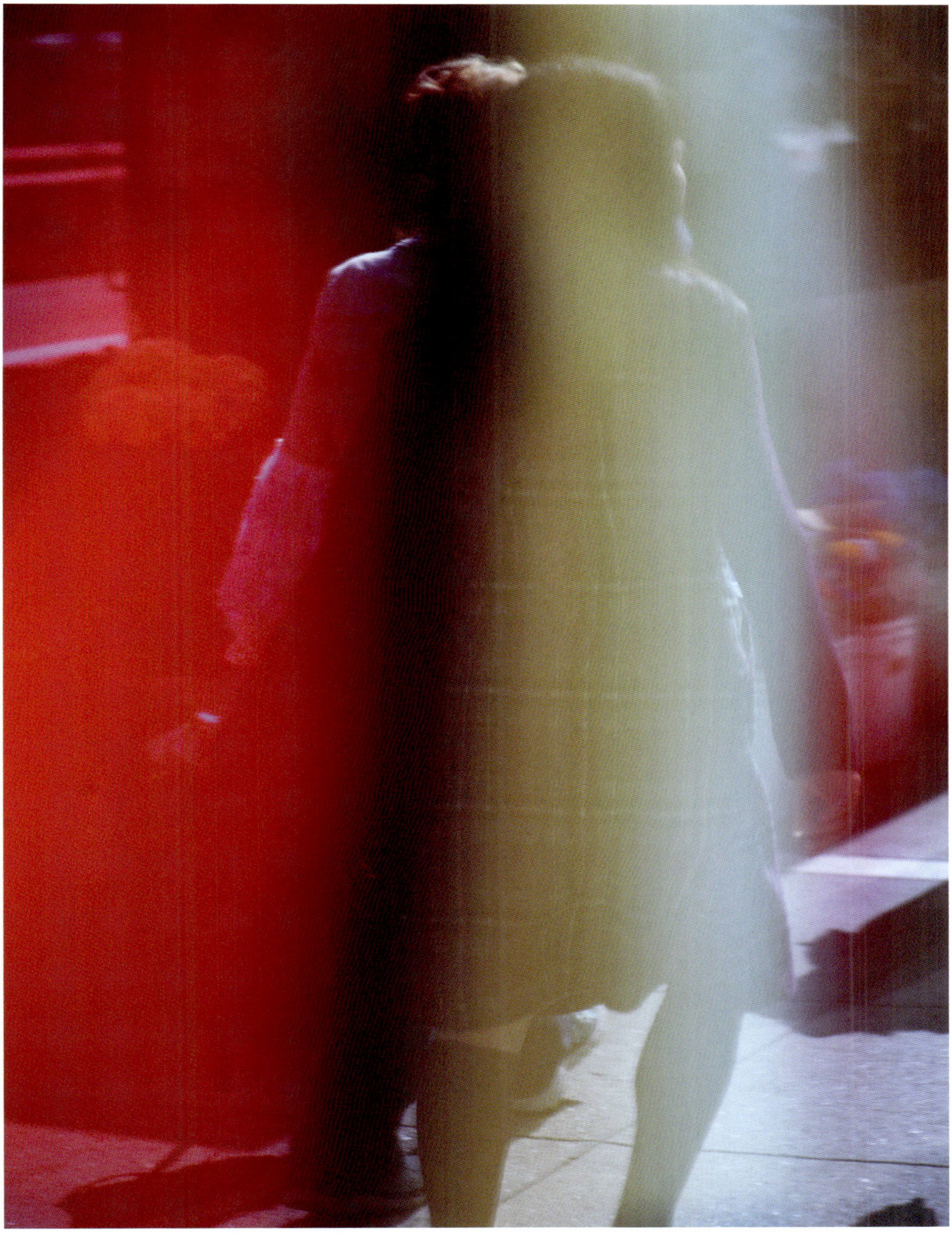

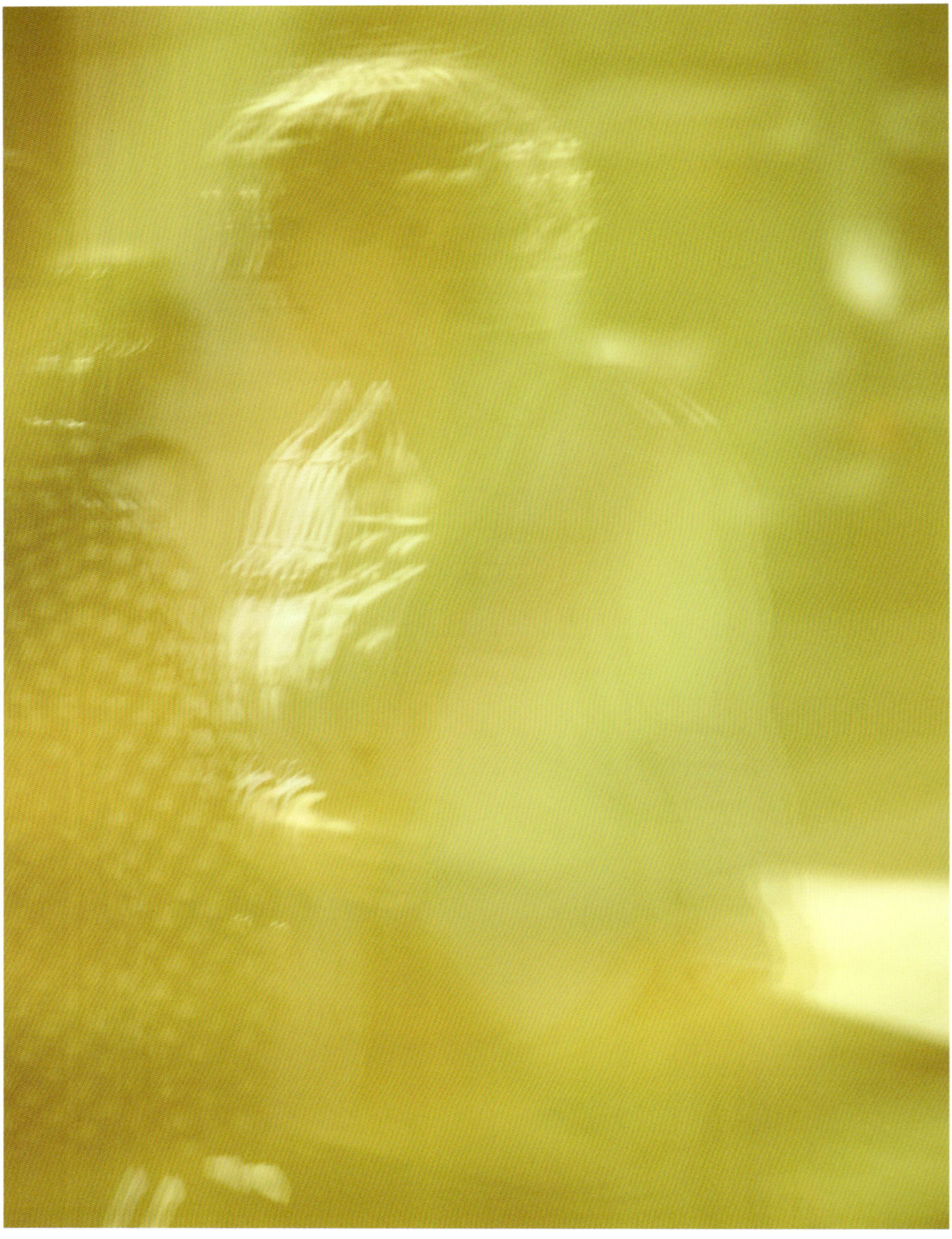

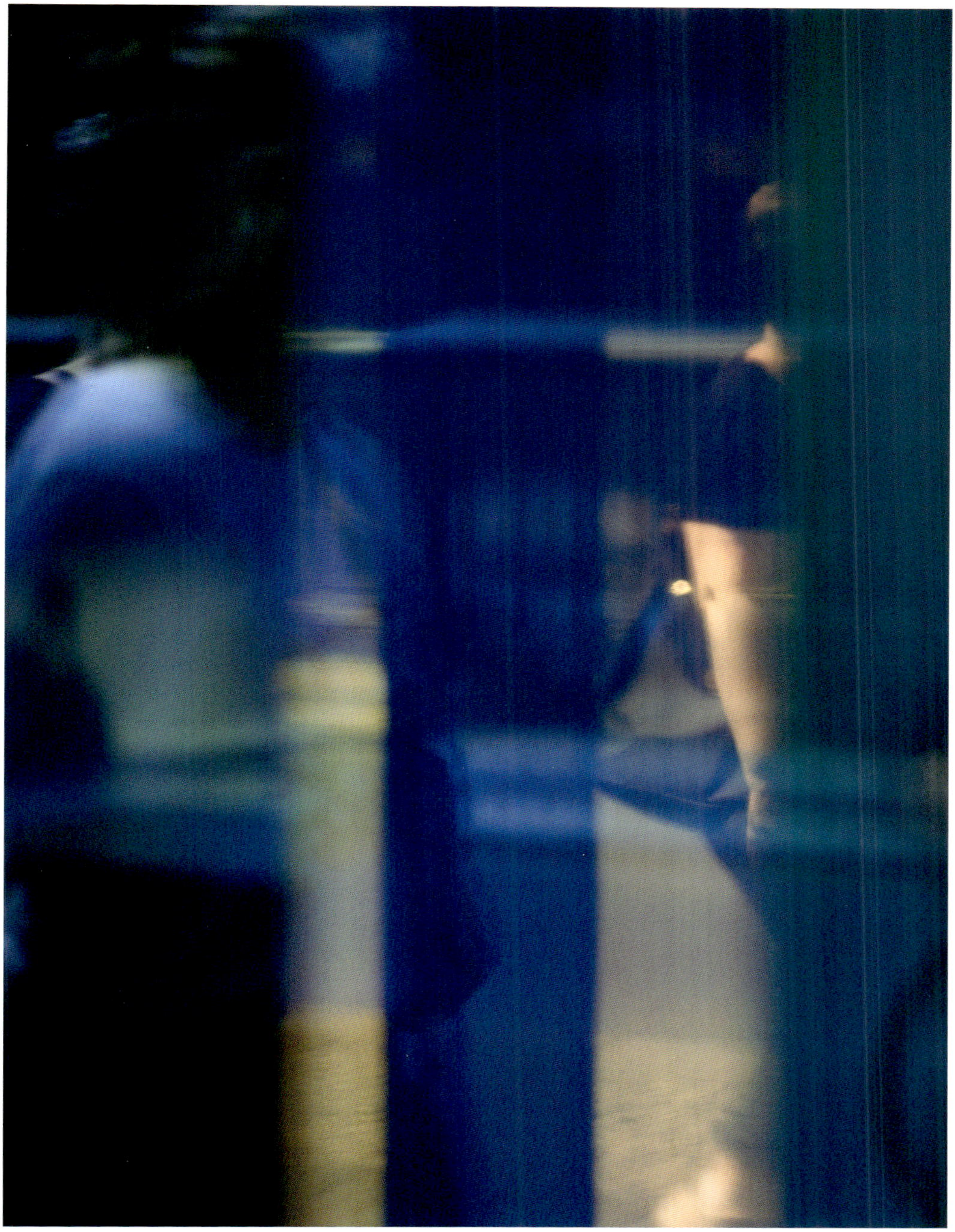

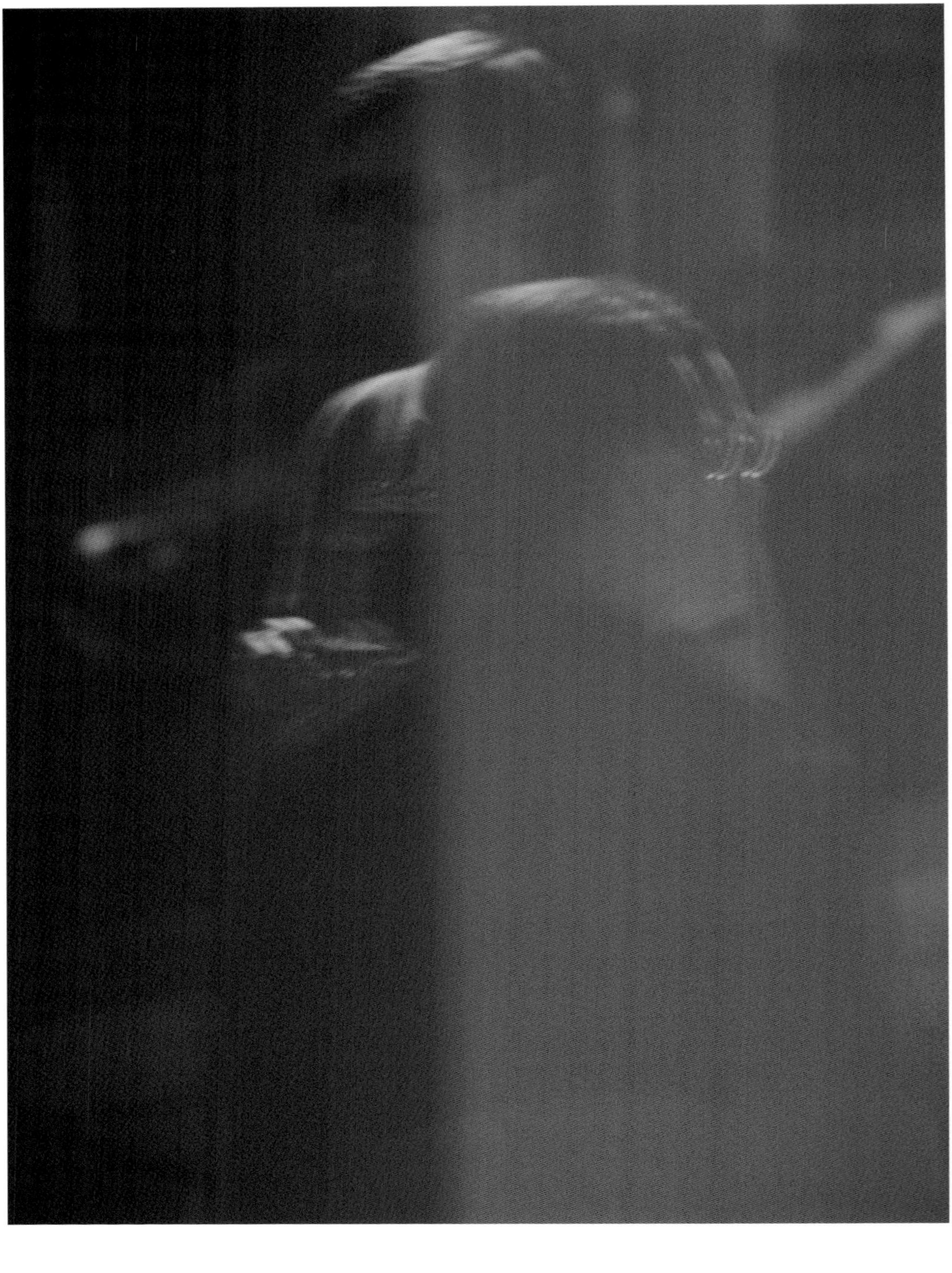

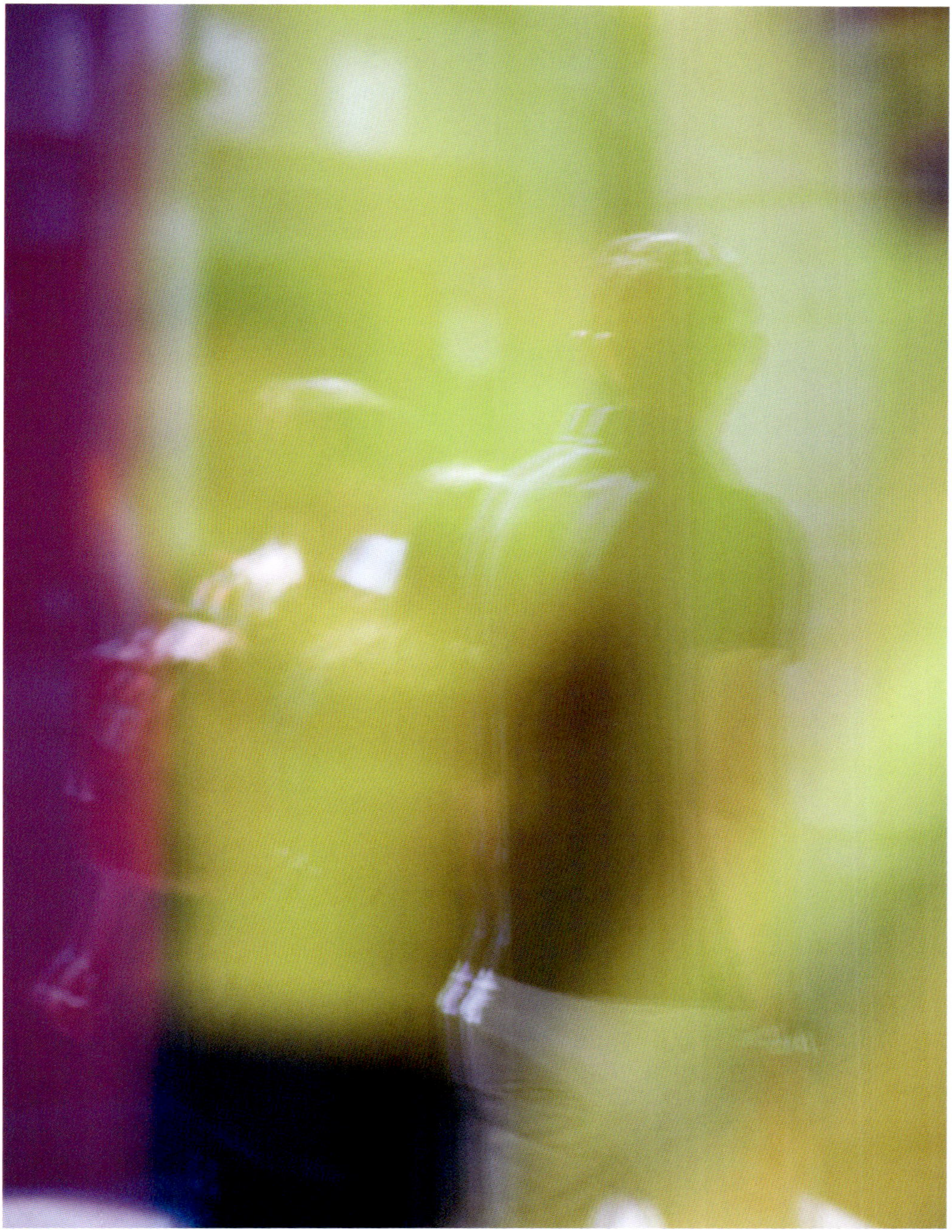

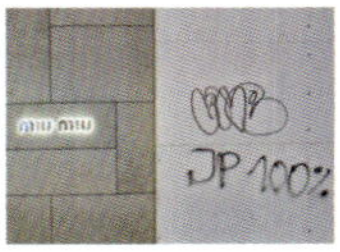
miu miu

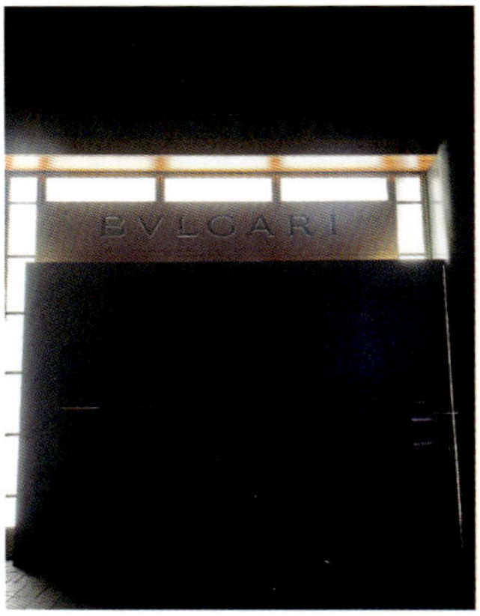
BVLGARI

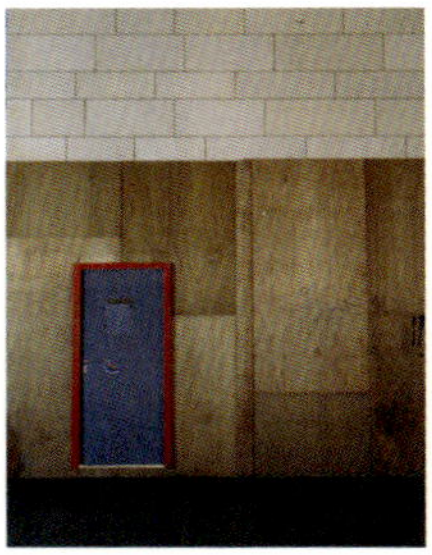

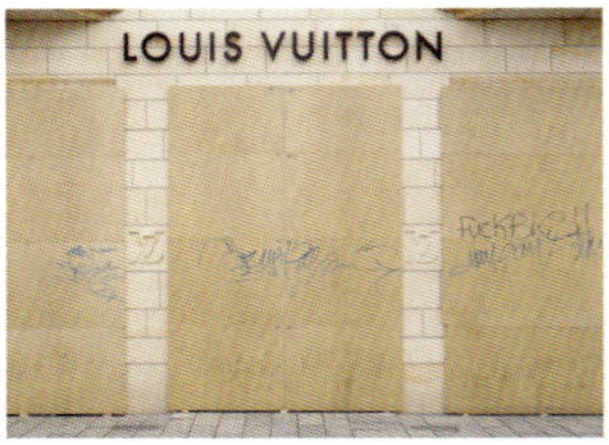
LOUIS VUITTON

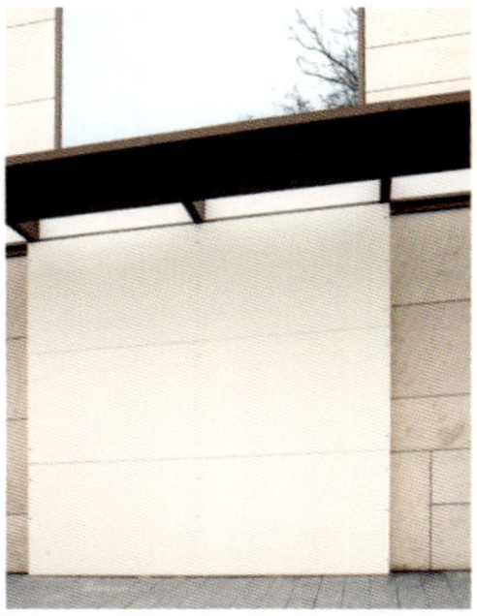

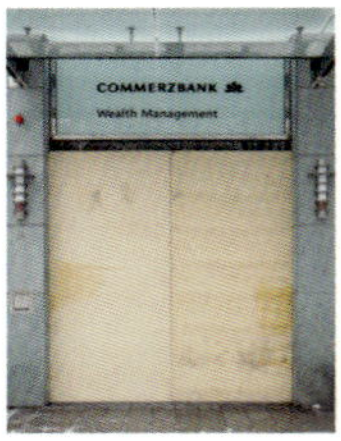
COMMERZBANK
Wealth Management

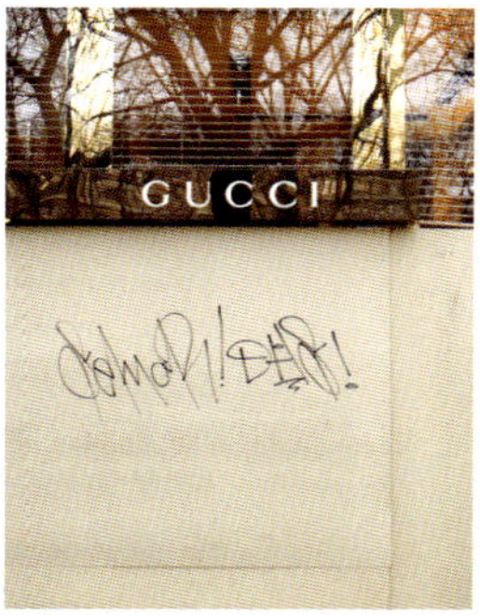
GUCCI

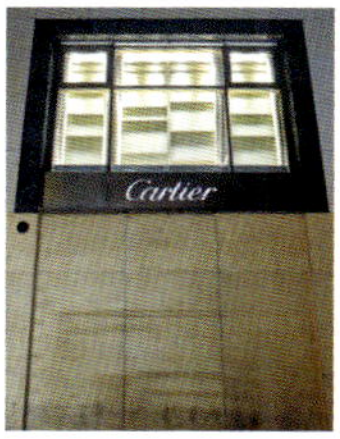
Cartier

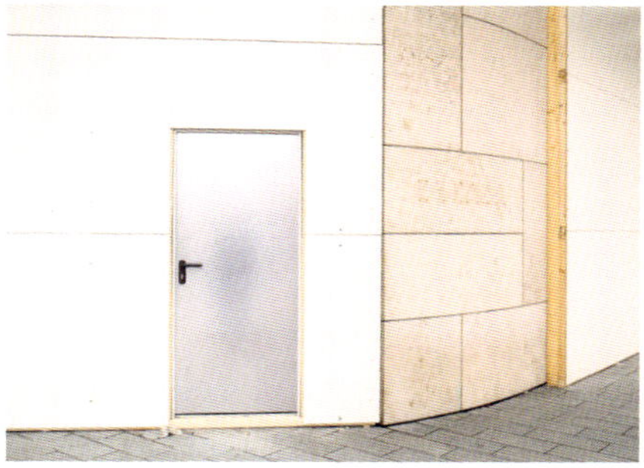

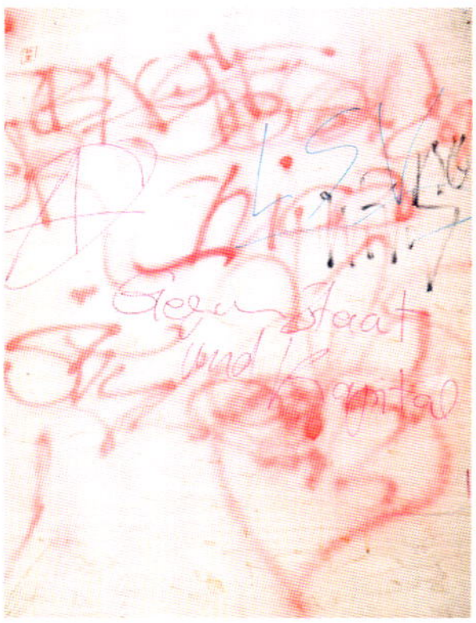

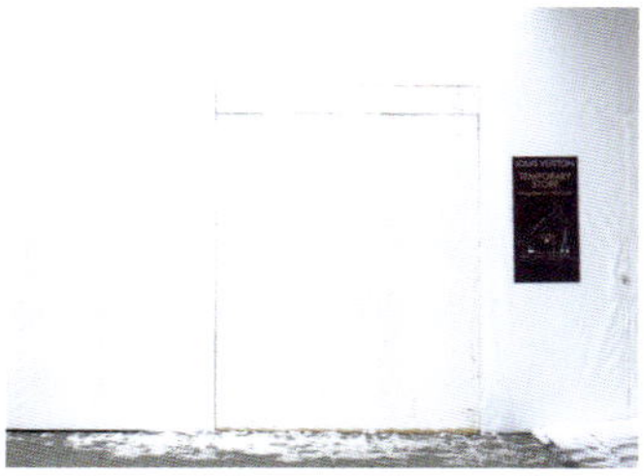
TEMPORARY STORE

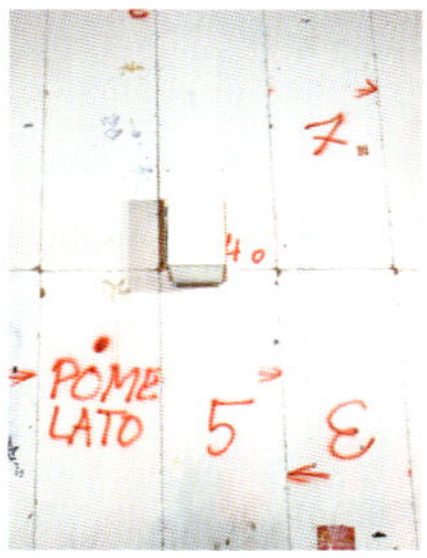
7
POME
LATO
5

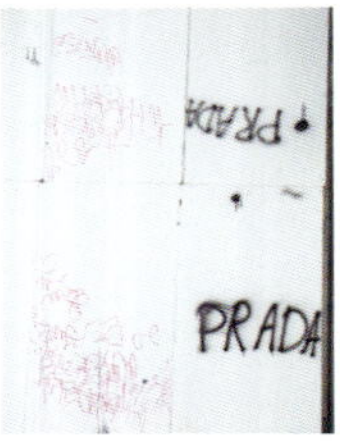
PRADA
PRADA

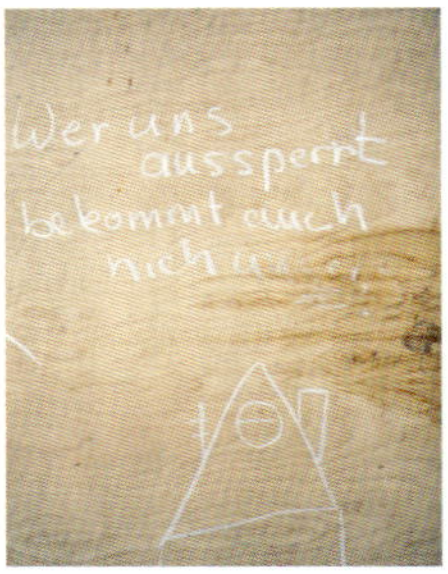
Wer uns
aussperrt
bekommt auch

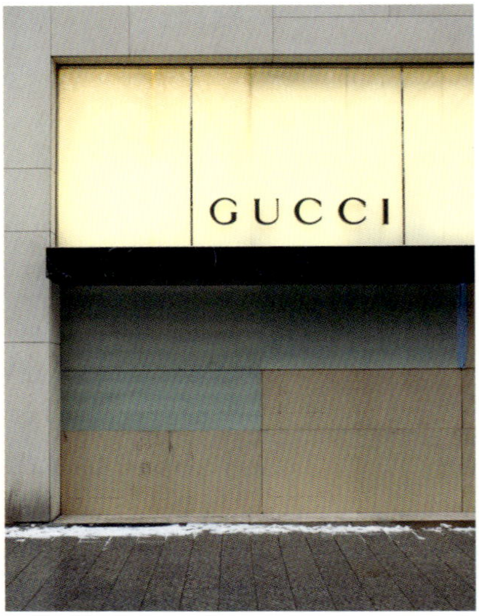
GUCCI

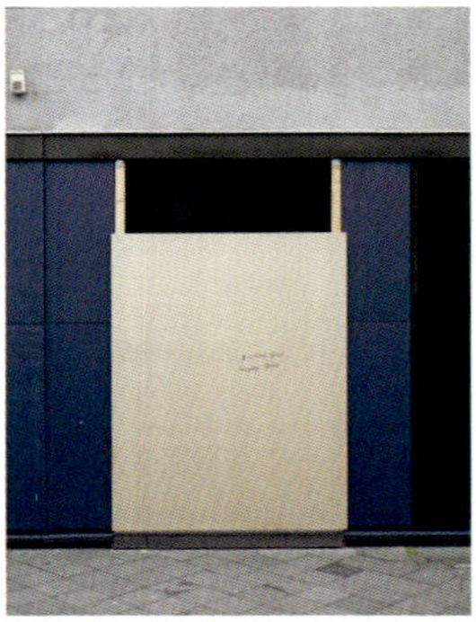

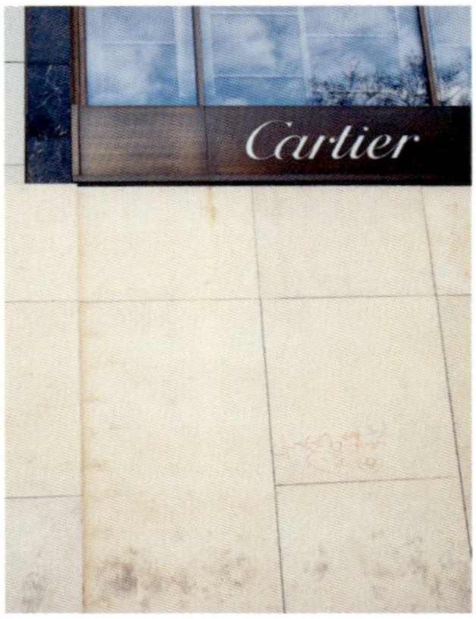
Cartier

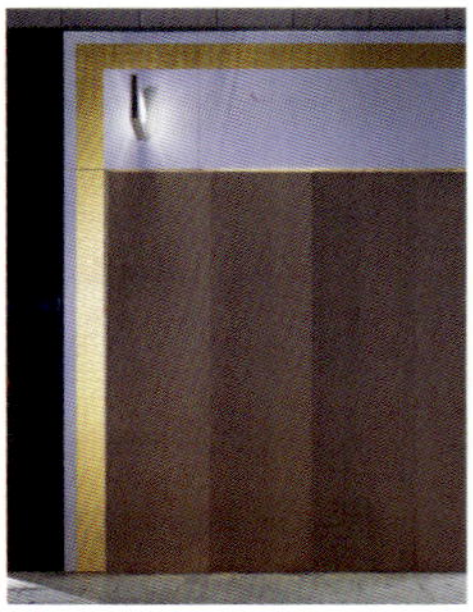

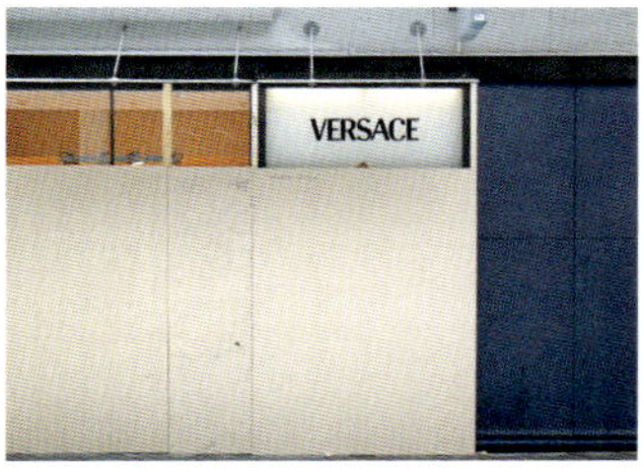
VERSACE

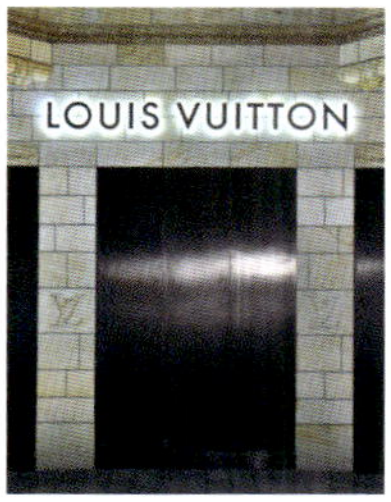
LOUIS VUITTON

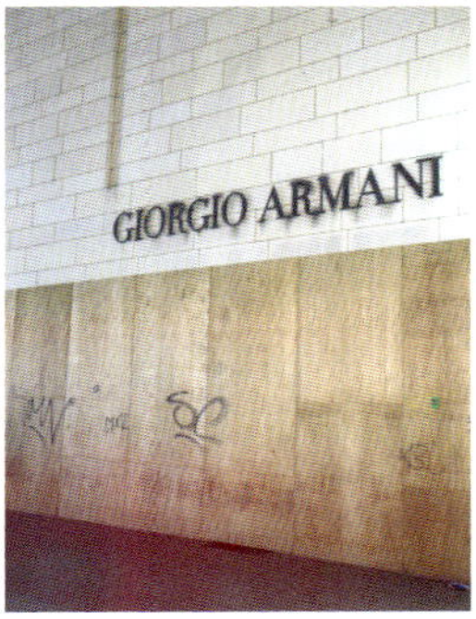
GIORGIO ARMANI

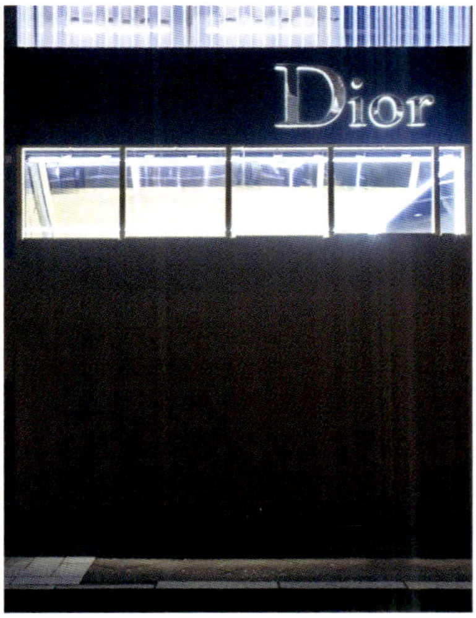
Dior

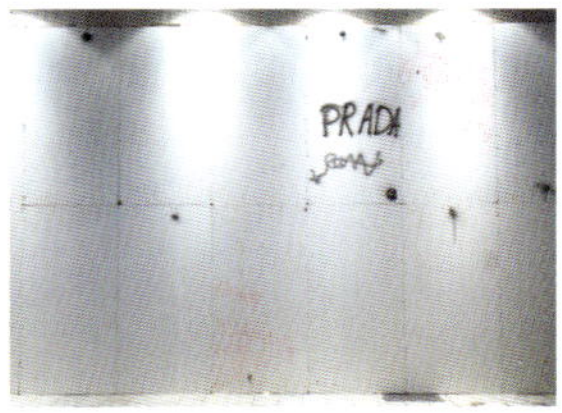
PRADA

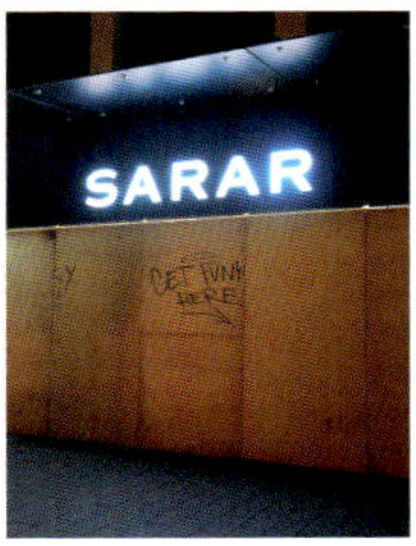
SARAR

Der Ex-Fotograf **Nikolaus Koliusis** hat sich Mitte der 1980er-Jahre von diesem Medium abgewandt, weil für ihn »das fotografische Bild ein Abbild erzeugt, ohne aber darin die Authentizität des fotografierten Augenblicks notwendiger Weise zu transportieren«, wie Susanne Ließegang berichtet.[16] Fortan braucht er für seine bildhaften Darstellungen bestimmter Orte und Stellen keine Fotografie mehr. Mit Leucht- und Reflexionsobjekten und mit Installationen aus Filterfolien kann Koliusis den Raum als ein Produkt aus Licht, Material und zeitbasierter Bewegung viel besser thematisieren, angetrieben von der Faszination an der Authentizität eines erlebten Moments.

Die Ausstellung *An Ort und Stelle. Fotografie des Gegenwärtigen* kombiniert die Arbeiten der zuvor genannten Künstler*innen mit dem wohl größten Werk aus der Sammlung des Kunstmuseums Reutlingen / konkret, nämlich der variablen Installation *Round-About* (2010) von Nikolaus Koliusis. Sie besteht aus 24 flachen, raumspiegelnden Scheiben aus poliertem Edelstahl mit jeweils 145 cm Durchmesser, die über die gesamte Ausstellungsfläche von rund 1.000 qm Fläche verteilt auf dem Boden liegen und je nach Tageszeit und Bewölkung Sonnenlicht durch den Raum schicken. Für die Besucher*innen reflektieren die Kreise je nach Betrachtungswinkel unterschiedliche Aspekte der umgebenden Architektur und der präsentierten fotografischen Einzelwerke und Serien. Somit entwickelt sich *An Ort und Stelle. Fotografie des Gegenwärtigen* beim Rundgang sowohl in der Vertikalen, als auch in der Horizontalen, während die darin gezeigten Bilder erscheinen und verschwinden.

Abbildungen / Images

Round-About, 2010,
24 Teile / parts, polierter Edelstahl / polished stainless steel, Ø je / each 145 cm

[16] Susanne Ließegang, »Jenseits aller Anekdotik«, 2017, zit. nach: https://www.koliusis.de/statements/.

The former photographer **Nikolaus Koliusis** turned away from this medium in the mid-1980s because, as Susanne Ließegang reports, for him "the photographic image creates a reproduction without, however, necessarily conveying the authenticity of the moment photographed."[16] From then on, he no longer needed photography for his pictorial representations of specific sites and places. With luminous and reflective objects and installations comprised of filter films, Koliusis can thematize space much better as a product of light, material, and time-based movement, driven by a fascination with the authenticity of a lived moment.

The exhibition *On the Spot. Photography of Presence* combines the works of the aforementioned artists with what is probably the largest work from the collection of the Kunstmuseum Reutlingen / konkret, namely the variable installation *Round-About* (2010) by Nikolaus Koliusis. It consists of twenty-four flat, space-reflecting discs of polished stainless steel, each 145 cm in diameter, which lie on the floor over the entire exhibition space of roughly 1,000 square meters and, depending on the time of day and the cloudiness of the sky, transmit sunlight through the space. For visitors, the discs reflect various aspects of the surrounding architecture and the individual photographic works and series presented, depending on the viewing angle. In this way, *On the Spot. Photography of Presence* evolves during the tour both vertically and horizontally, while the pictures on view in the exhibition appear and disappear.

[16] Susanne Ließegang, "Jenseits aller Anekdotik," 2017, quoted in: https://www.koliusis.de/statements/ [translated].

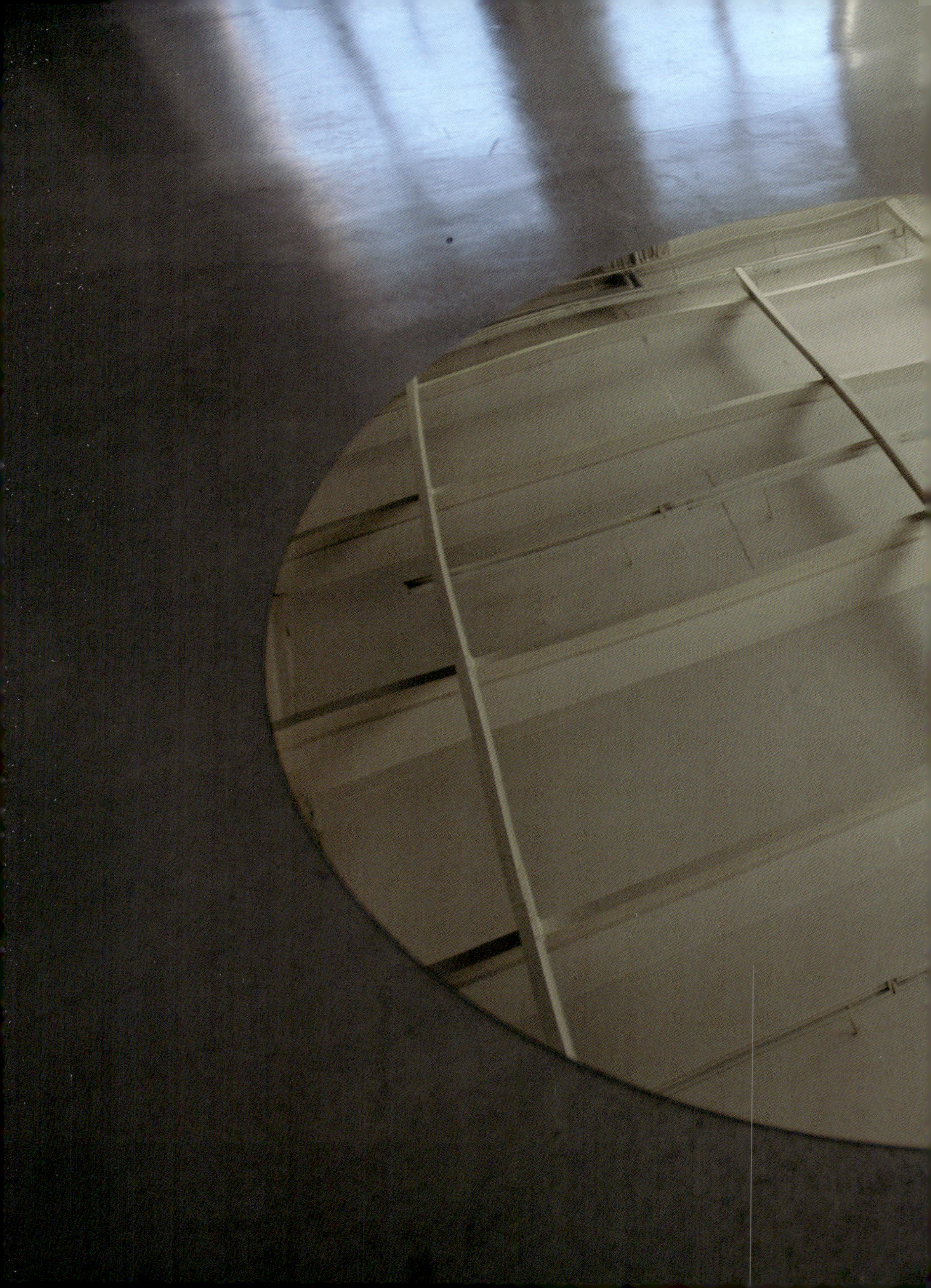

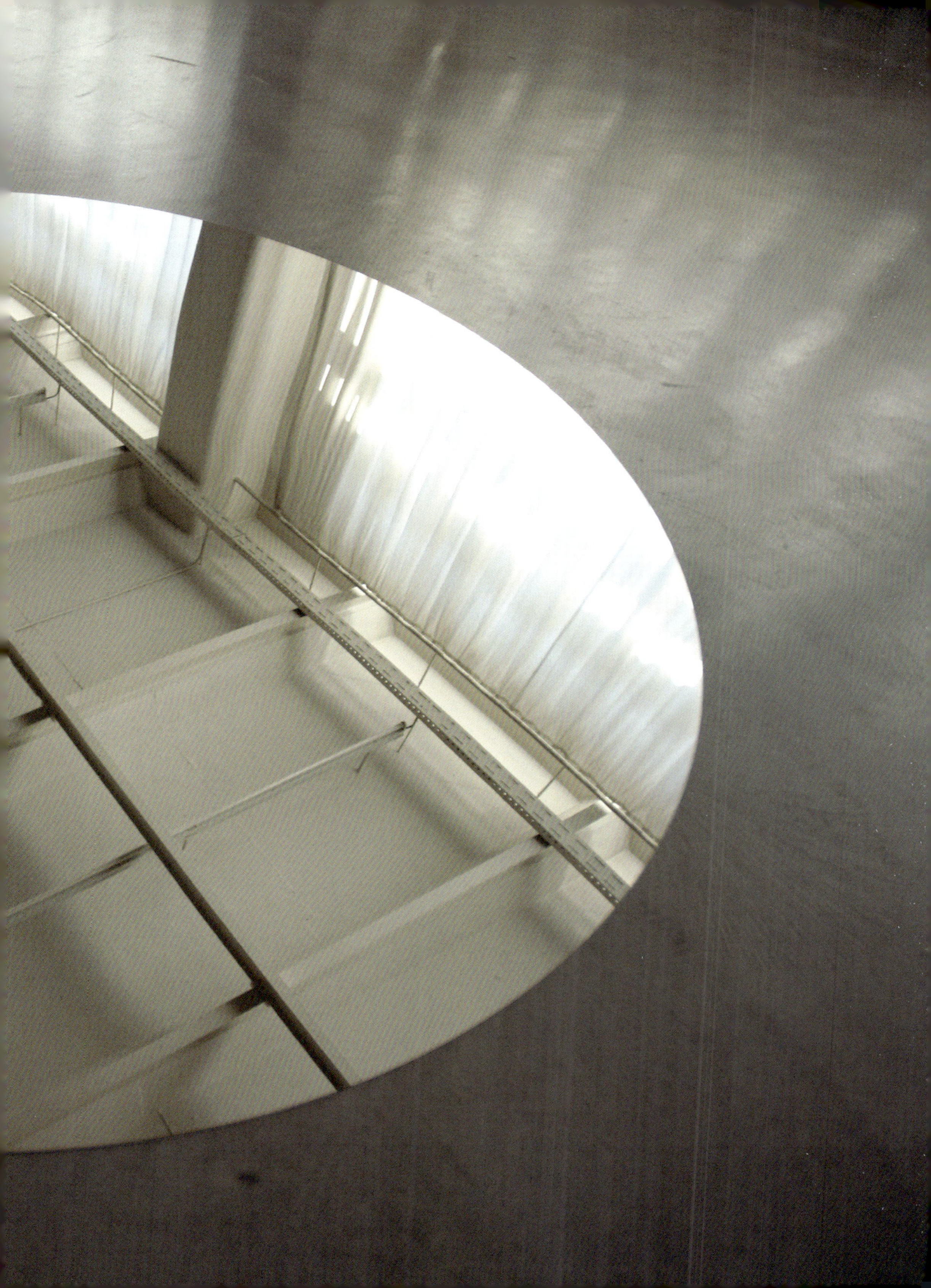

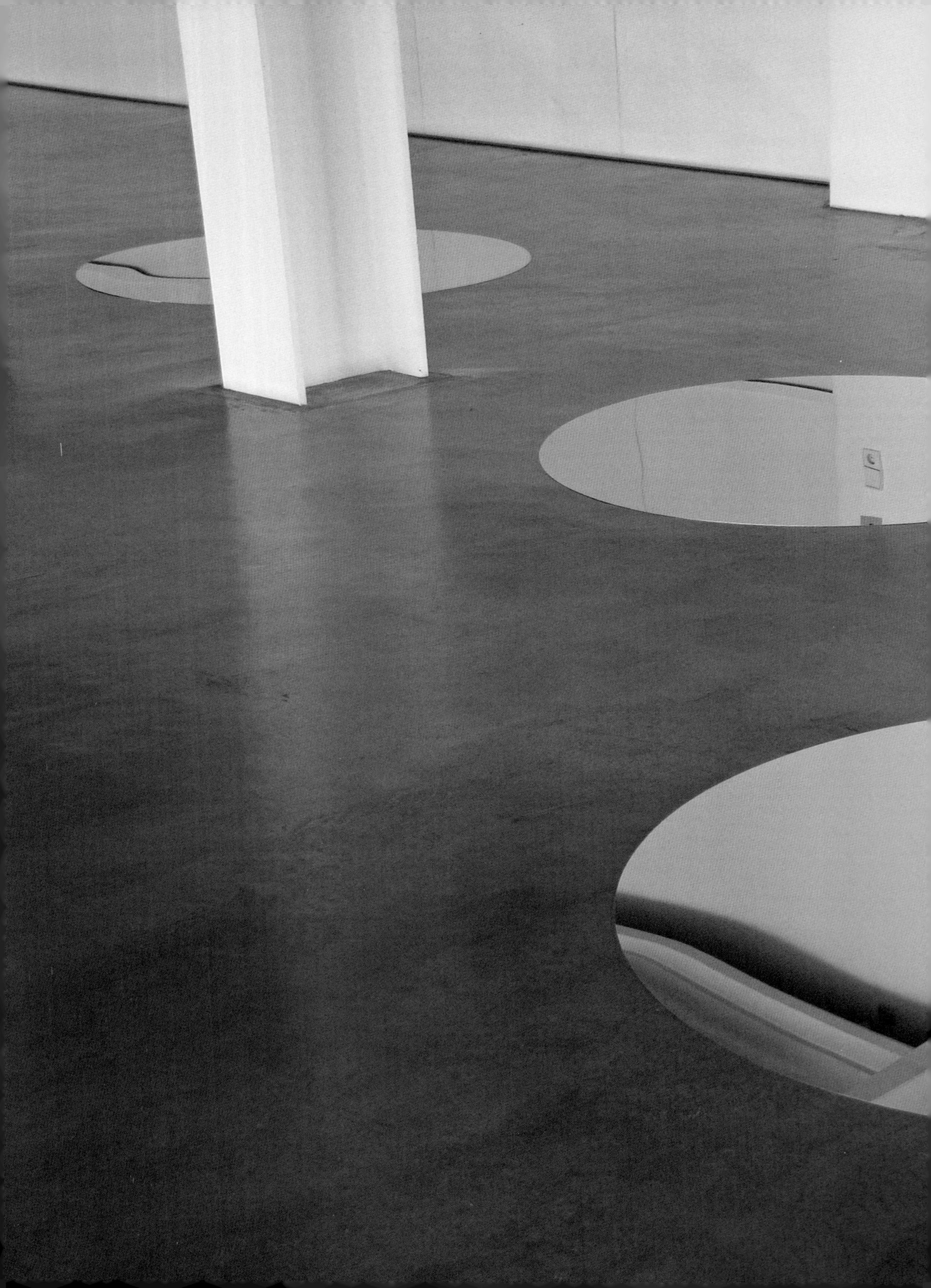

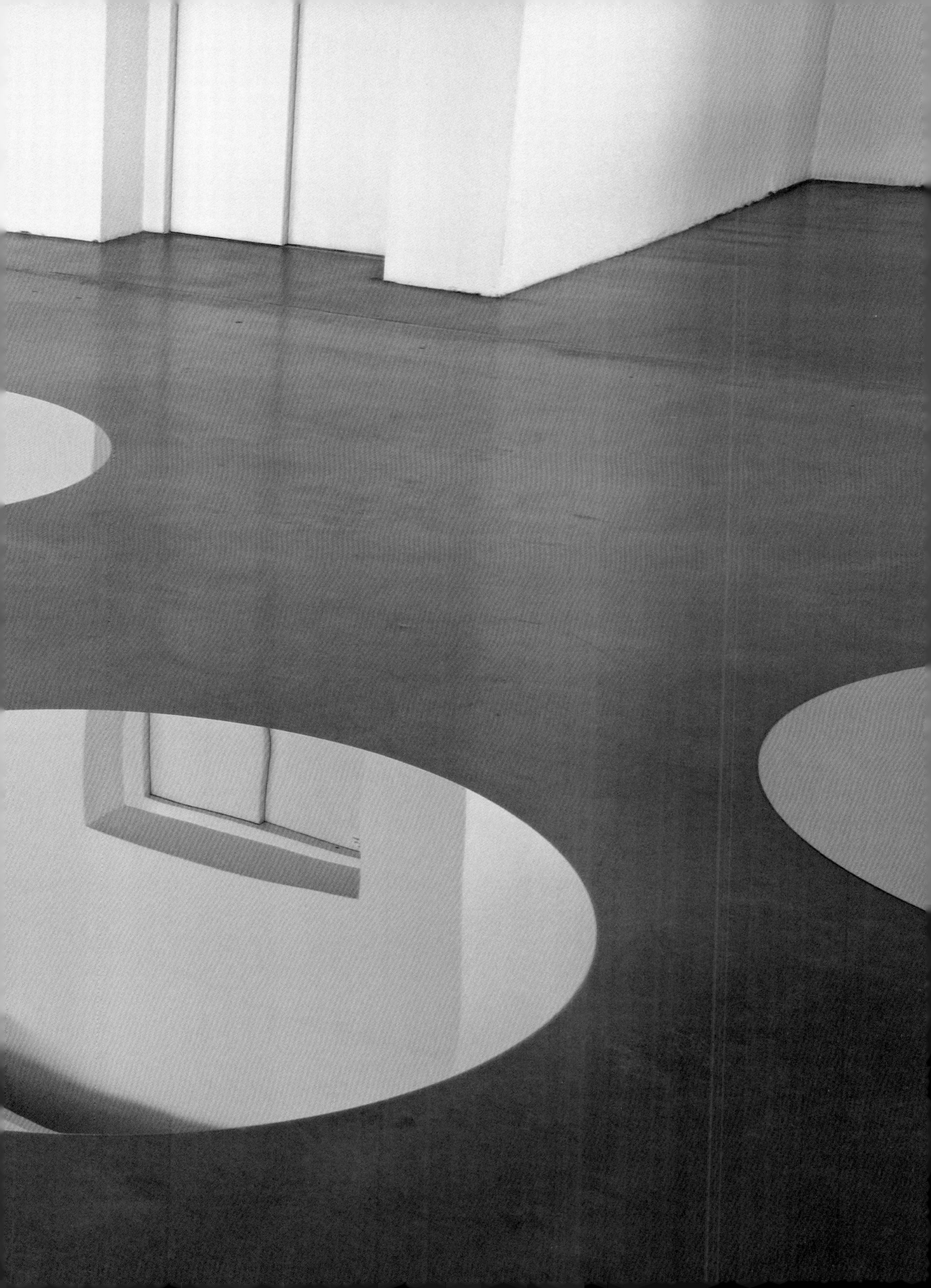

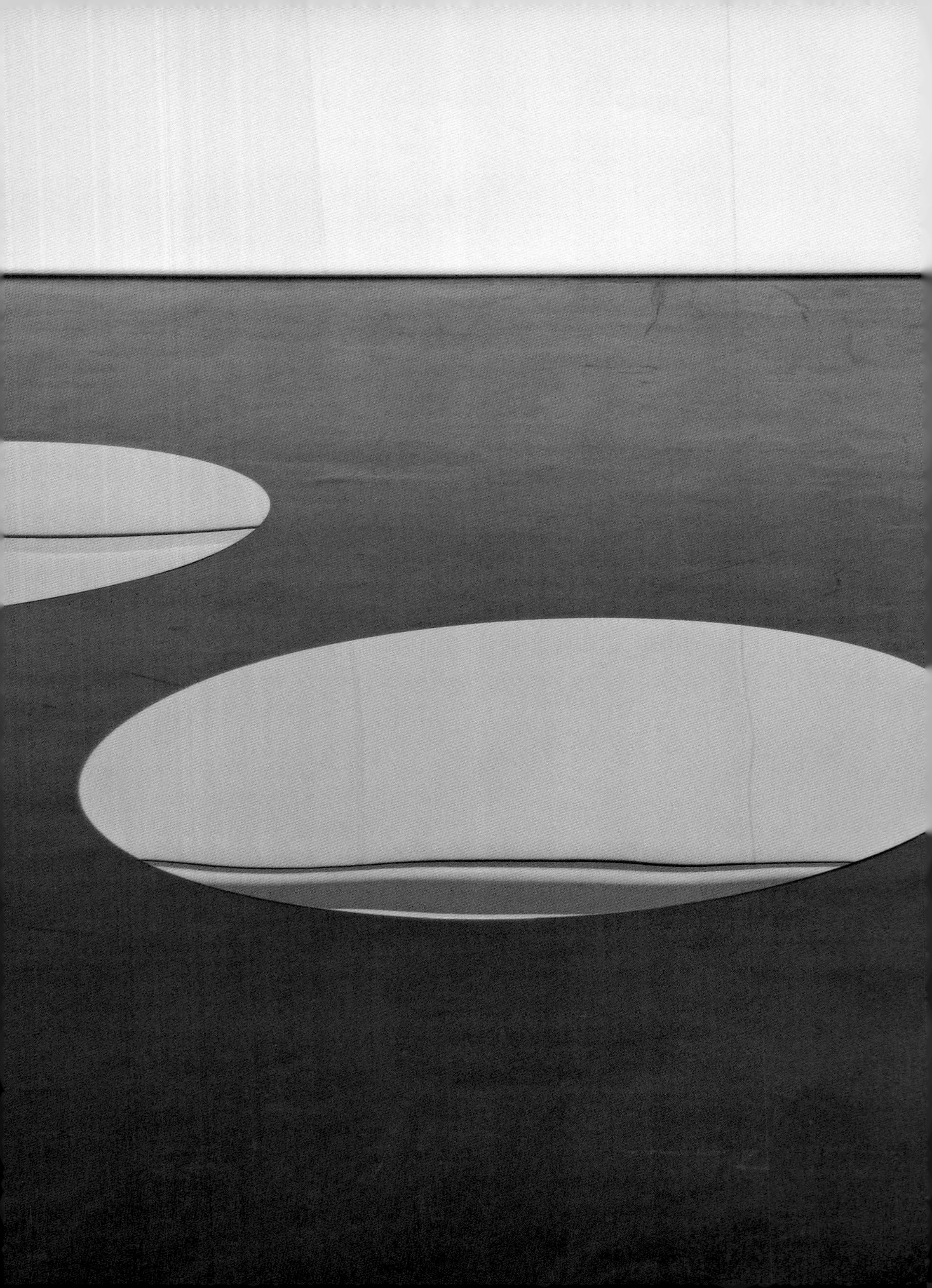

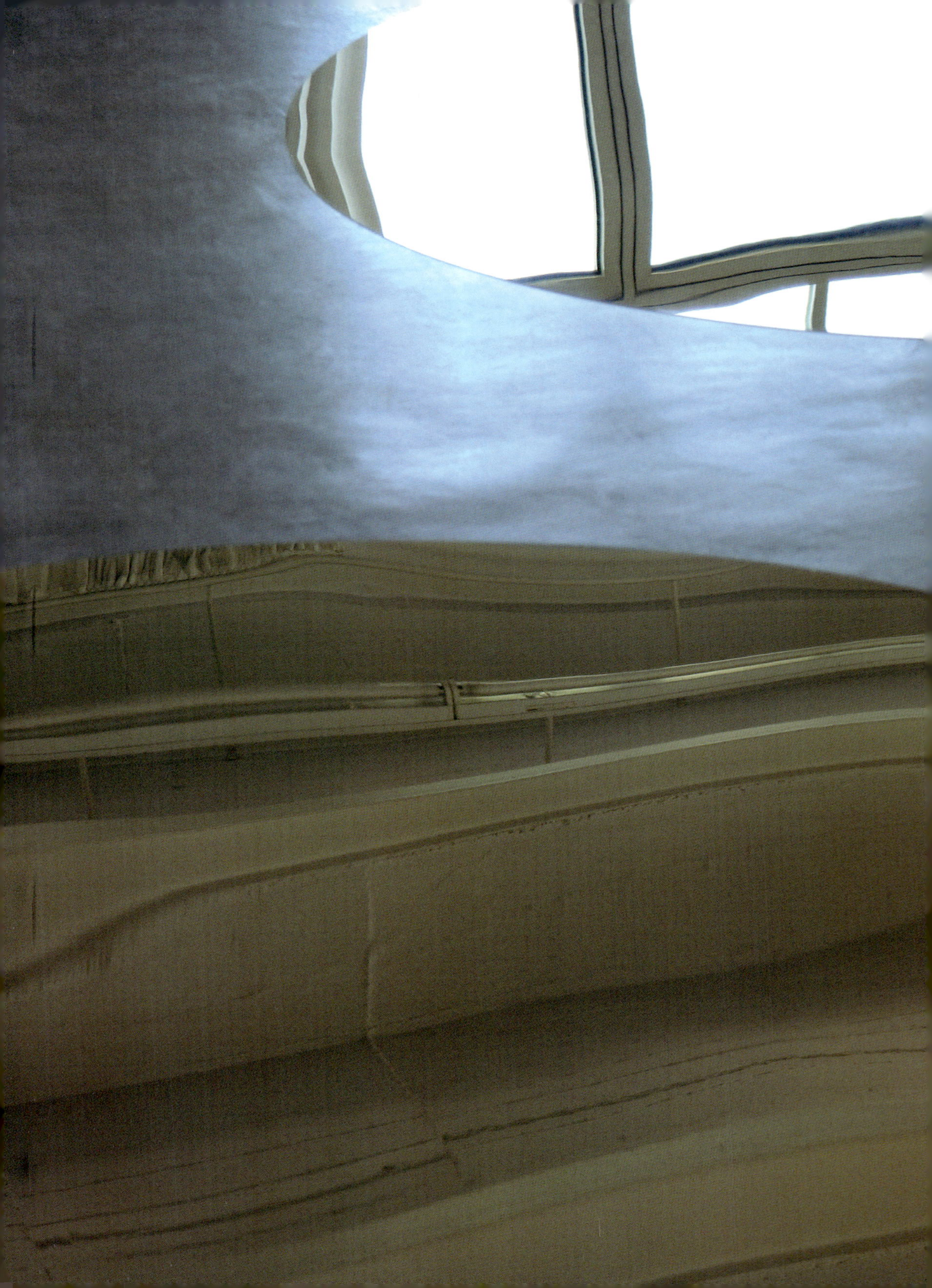

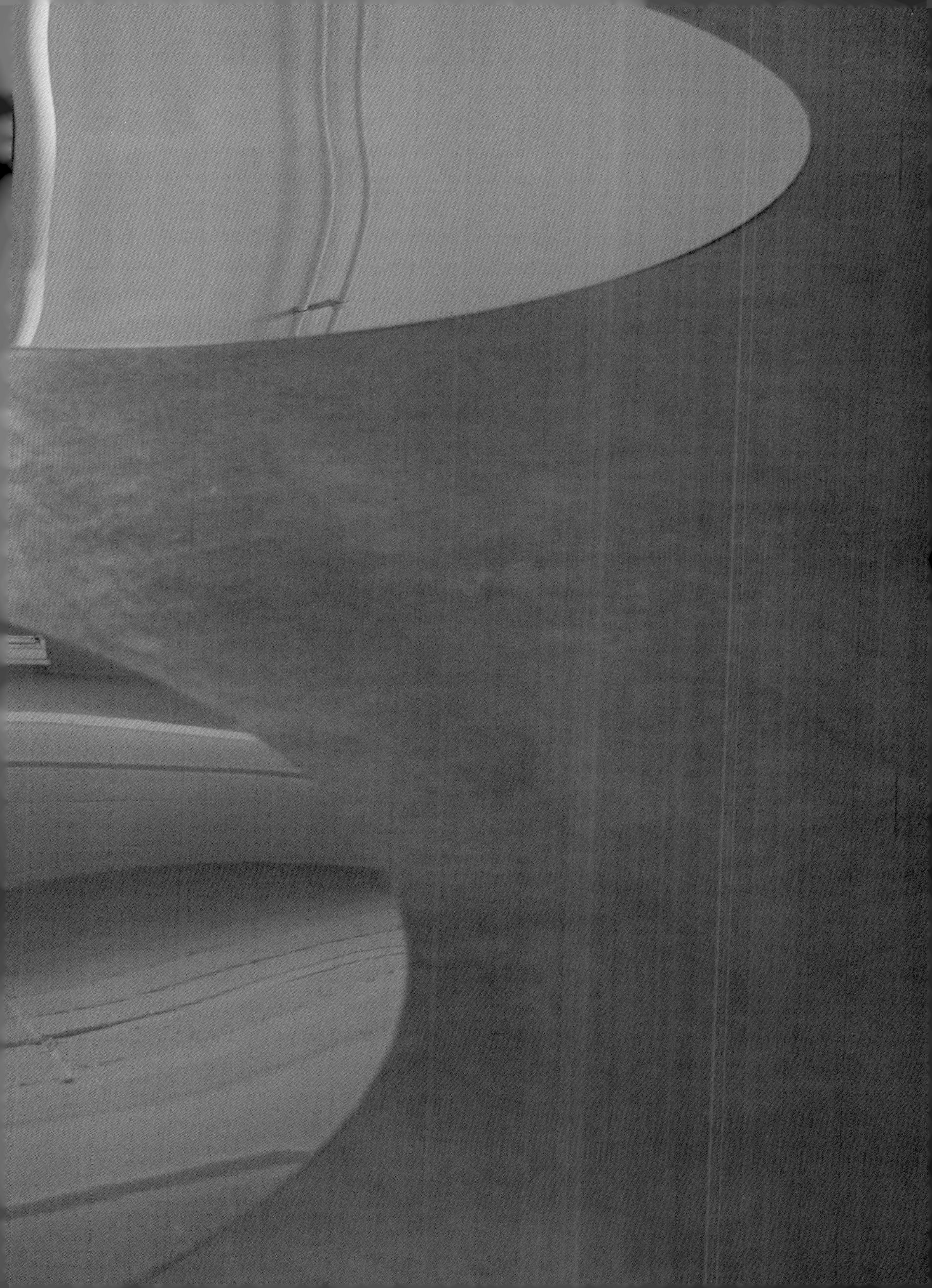

Im Fluss. Abbilder der Gegenwart

Zur Geschichte der Fotografie gehört die durchgängige und eigenständige parallelverlaufende Geschichte des Fotografierens ohne Kamera. Sie begann noch vor der Erfindung der eigentlichen Fototechnik, als vor rund dreihundert Jahren die Wirkung von Licht auf Silberverbindungen entdeckt wurde. Anfang des 19. Jahrhunderts kam diese Parallelgeschichte mit den Experimenten von Nicéphore Niépce, Louis Daguerre und Henry Fox Talbot zur Entfaltung, und Anfang des 20. Jahrhunderts schien angesichts der surrealistischen, dadaistischen oder konstruktivistischen Fotogramme von Künstlern wie Man Ray, Raoul Hausmann, Kurt Schwitters, László Moholy-Nagy oder El Lissitzky das Fotografieren ohne Kamera eine fast wichtigere Rolle zu spielen als jenes mit – zumindest als Kunstform. War damals das fotografische Bild ohne Kamera etwa besser geeignet, um zu Abbildungen der Welt oder tatsächlich freien Kompositionen zu gelangen? Ab den 1930er-Jahren und dann für die nächsten etwa fünf Jahrzehnte entstanden weitere kameralose Verfahren wie etwa Luminogramme und informelle, fotochemische Malereien. Im Zuge der Entmaterialisierung der Fotografie sind sie heute allesamt so gut wie ausgestorben.

Ins Zentrum gerückt erscheint stattdessen eine Kunstfotografie ohne Fotograf*in, nämlich Verfahren, bei denen fremdes Bildmaterial zu neuen Bildern verarbeitet wird. Damit ist zunächst der gesamte Bereich der Fotocollage (früher analog, heute digital) gemeint, bis hin zum Komponieren mit virtuellen Simulationen. Insbesondere aber gilt es für all jene Konzepte, bei denen fotografische Bilder gesammelt, strukturiert und angeordnet werden, um etwa Typologien der Gegenwart sichtbar zu machen: Seit langem gibt es Künstler*innen, denen es nicht mehr um das Herstellen einzelner Fotos oder gar das Auslösen der eigenen Kamera geht, sondern um den Zugriff auf zufällig gefundenes oder gezielt zusammengetragenes Material von Portalen, Webcams oder Videokanälen im Internet.[1]

Anders als die berühmten Protagonist*innen der Fotoreportage werden die Schöpfer*innen solcher »Fotografie« natürlich nicht mehr als Ausnahmeproduzent*innen mit Geistesgegenwart, Disziplin oder Risikobereitschaft angesehen, denen es gelingt, im »entscheidenden Augenblick« (Henri Cartier-Bresson) an Ort und Stelle zu sein und dort einmalige Fotos zu schießen.

[1] Vgl. etwa die Hauptausstellung *From Here On der Rencontres d'Arles* 2011 mit den Künstler*innen Adrian Sauer, Andreas Schmidt, Aram Bartholl, Claudia Sola, Constant Dullaart, Corinne Vionnet, Cum*, David Crawford, Doug Rickard, Ewoudt Boonstra, Frank Schallmaier, GilbertHage, Hans Aarsman, Hermann Zschiegner, James Howard, Jenny Odell, Jens Sundheim, John Haddock, Jon Rafman, Josh Poehlein, Kurt Caviezel, Laurence Aëgerter, Marco Bohr, Martin Crawl, Micheal O'Connell a.k.a Mocksim, Mishka Henner, Monica Haller, Nancy Bean, Pavel Maria Smejkal, Penelope Umbrico, Roy Arden, Shion Sono, The Get Out Clause, Thomas Mailaender, Viktoria Binschtok, Willem Popelier. Im zugehörigen Manifest der Kurator*innen heißt es eingangs: »Nun, wir sind eine Gruppe von Redakteur*innen. Wir alle recyceln, reißen und schneiden aus, mischen neu und laden hoch. Wir können die Bilder alles machen lassen.« Quelle: https://www.theguardian.com/artanddesign/2011/jul/13/from-here-on-photography-exhibition-arles (übersetzt).

In Flux. Images of the Present

The history of photography includes the continuous and independent parallel history of photographing without a camera. It began before the invention of photo technology itself, when the effect of light on silver compounds was discovered roughly three hundred years ago. At the beginning of the nineteenth century, this parallel history came to fruition with the experiments of Nicéphore Niépce, Louis Daguerre, and Henry Fox Talbot. At the beginning of the twentieth century, in view of the Surrealist, Dadaist, and Constructivist photograms by artists such as Man Ray, Raoul Hausmann, Kurt Schwitters, László Moholy-Nagy, and El Lissitzky, photography without a camera seemed to play an almost more important role than photography with a camera – at least as an art form. Was the photographic image created without a camera better suited at that time for creating images of the world or indeed free compositions? From the 1930s onwards, and then for the next five decades or so, other camera-less processes such as luminograms and informal photochemical paintings were developed. In the course of the dematerialization of photography, they have all become practically extinct today.

Instead, an art photography without a photographer – namely techniques with which extraneous image material is processed into new images – appears to have been brought to the fore-front. This initially refers to the entire field of photocollages (formerly analog, today digital), including composing with virtual simulations. In particular, however, it applies to all those concepts in which photographic images are collected, structured, and arranged in order to make typologies of the present visible: For a long time now, there have been artists who are no longer concerned with producing individual photos or even triggering their own camera. Instead, they access material from portals, webcams, or video channels on the Internet, which has been found by chance or compiled in a targeted manner.[1]

In contrast to the famous protagonists of photo reportage, the creators of such "photography" are, of course, no longer regarded as exceptional producers with presence of mind, discipline, or willingness to take risks, and who succeed in being on the spot at the "decisive moment" (Henri Cartier-Bresson) to take unique photos. Instead, their works point in exactly the opposite direction: away from authorship, away from the subjective moment. Benjamin's "aura"[2]

[1] See the pivotal exhibition *From Here on at Rencontres d'Arles,* 2011. Participating artists: Adrian Sauer, Andreas Schmidt, Aram Bartholi, Claudia Sola, Constant Dullaart, Corinne Vionnet, Cum*, David Crawford, Doug Rickard, Ewoudt Boonstra, Frank Schallmaier, Gilbert Hage, Hans Aarsman, Hermann Zschiegner, James Howard, Jenny Odell, Jens Sundheim, John Haddock, Jon Rafman, Josh Poehlein, Kurt Caviezel, Laurence Aëgerter, Marco Bohr, Martin Crawl, Micheal O'Connell a.k.a Mocksim, Mishka Henner, Monica Haller, Nancy Bean, Pavel Maria Smejkal, Penelope Umbrico, Roy Arden, Shion Sono, The Get Out Clause, Thomas Mailaender, Viktoria Binschtok, Willem Popelier. The curators' manifesto states at the outset: "Now, we're a series of editors. We all recycle, clip and cut, remix and upload. We can make images do anything." Source: https://www.theguardian.com/artanddesign/2011/jul/13/from-here-on-photography-exhibition-arles

[2] See: Walter Benjamin, "Little History of Photography," in: idem., *The Work of Art in the Age of Its Technological Reproducibility and other Writings on Media,* ed. Michael W. Jennings, Brigid Doherty, and Thomas Y. Levin, trans. Edmund Jephcott and Kingsley Shorter (Cambridge/London: Belknap Press, 2008), pp. 274–98.

Stattdessen weisen ihre Werke in genau die entgegengesetzte Richtung: weg von der Autor*innenschaft, weg vom subjektiven Moment. Die Benjamin'sche »Aura«[2] oder das Barthes'sche »punctum«[3] werden in Strukturen, Kontexten und in der Auflösung des Einzelbildes gefunden.

Die Verwendung fremden fotografischen Bildmaterials könnte als die Kehrseite der Fotografie bezeichnet werden. Denn hier wird nicht durch einen Sucher auf die Welt geschaut, um aus dieser dann visuelle Abdrücke zu entnehmen und darüber zu reflektieren. Stattdessen wird in Archiven und Datenbanken gestöbert auf der Suche nach signifikanten oder poetischen Prinzipien oder Häufungen. Wer auf diese Weise arbeitet, hat ein anderes Verhältnis zum Material: Wie eng dessen Verbindung zur Wirklichkeit ist, kann von Anfang an nicht gesagt werden. Ausgangspunkt sind nicht Teile der realen Welt, sondern bereits existierende Bilder davon. Deren Herkunft und ursprüngliche Funktion können eine Rolle spielen oder zum Thema werden, aber auch gleichgültig sein oder negiert werden. Jedenfalls wird hier die reale Welt nicht mehr gebraucht, um visuelle Aussagen über sie treffen zu können. Anders ausgedrückt: Man hält die Mediatisierung der Welt für einen genuinen Bestandteil derselben und geht davon aus, dass tatsächliche Beobachtungen zweiter Ordnung möglich sind.

Für den Vergleich zwischen dem künstlerischen Organisieren von Fotos und dem Produzieren künstlerischer Fotos ist es hilfreich, sich an die Grundunterscheidung zwischen Foto und Bild zu erinnern: Ein Foto von Etwas ist ein (physikalisches) Abbild von diesem. Ein Bild von Etwas hingegen ist, was darin gelesen wird, sein Eindruck. Zwar ist jedes Foto zugleich ein Bild, aber Foto und Bild sind nie identisch. So kann zwar von und zu allem ein Bild gemacht werden, aber nur wirkliche Dinge lassen sich fotografieren: »Es gibt keine Fotos von Einhörnern, obwohl es viele Bilder von ihnen gibt«, konstatierte Kendell Walton.[4] Die wesentliche Eigenschaft des fotografischen Bildes ist die Verknüpfung von Indexikalität (objektive Merkmalsaufzeichnung) und Ikonizität (Bildwerdung), wobei Erstere als Beglaubigung von Letzterer dient. Daher kommt der bis heute wirkende Beweischarakter der Fotografie, das heißt, ihre scheinbare Objektivität als Produkt eines optischen Aufzeichnungsgerätes.

Ein Beispiel: Man stelle sich einen C-Print vor, gerahmt und in durchschnittlicher Größe, der eine rein schwarze Fläche ohne Form oder Kontur zeigt und den Bildtitel *Objektivdeckel im Einsatz* trägt. Durch diesen Titel würde der C-Print erstens suggerieren, ein Foto zu sein, und zweitens, dass Foto und Bild synchron seien. Allerdings könnte es sich hier nicht um eine fotografische Aufnahme handeln, weil durch den Deckel kein Licht auf einen Sensor oder einen Film treffen konnte und also auch nichts aufgenommen worden sein kann, was vom Objektiv »gesehen« wurde. Was aber würde sich ändern, wenn der Titel stattdessen etwa *Trockenes Altöl* oder *Sternenloser Nachthimmel* lautete?

2 Vgl. Walter Benjamin, »Kleine Geschichte der Fotografie«, in: ders., *Das Kunstwerk im Zeitalter seiner technischen Reproduzierbarkeit,* Frankfurt am Main: Suhrkamp, 1977, S. 55 ff.
3 Vgl. Roland Barthes, *Die helle Kammer,* Frankfurt am Main: Suhrkamp, 1982.
4 Kendall L. Walton, »Fotografische Bilder«, in: *Kunst und Philosophie,* Bd. 5, *Fotografie zwischen Dokumentation und Inszenierung,* hrsg. Julian Nida-Rümelin und Jakob Steinbrenner, Ostfildern: Hatje Cantz, 2012, S. 18.

and Barthes' "punctum"[3] are found in structures and contexts, as well as in the dissolution of the individual image.

The use of extraneous photographic material could be described as the flip side of photography. For here, the world is not looked at through a viewfinder in order to take visual impressions from it and reflect on these. Instead, archives and databases are searched for significant or poetic principles or accumulations. Those who work in this way have a different relationship to the material: How close its connection is to reality cannot be determined from the outset. The starting point are not components of the real world, but already existing images of them. Their origin and original function can play a role or become a theme, but they can also be unimportant or negated. In any case, the real world is no longer needed here to be able to make visual statements about it. In other words: One considers the mediatization of the world as a genuine component of it and assumes that actual observations of the second order are possible.

For the comparison between the artistic organizing of photos and the production of artistic photos, it is helpful to remember the basic distinction between photo and picture: A photo of something is a (physical) image of it. In contrast, a picture of something is what is read therein, its impression. Each photo is simultaneously a picture, but photo and picture are never identical. A picture can be made of and about anything, but only real things can be photographed: "There are no photos of unicorns, although there are many pictures of them," Kendell Walton argued.[4] The essential characteristic of the photographic picture is the combination of indexicality (objective recording of characteristics) and iconicity (image formation), whereby the former serves as authentication of the latter. This is where the – today still effective – evidential character of photography is derived, that is to say, its apparent objectivity as a product of an optical recording device.

For example: Imagine a C-print, framed and of average size, which depicts a pure black surface without form or contour and bears the title *Lens Cap in Use*. With this title, the C-print would first suggest that it is a photo and second that the photo and the picture are the same. However, this could not be a photographic image, because no light could hit a sensor or a film through the cover, and therefore nothing could have been captured that was "seen" by the lens. But what would change if the title was instead *Dry Waste Oil or Starless Nocturnal Sky?*

Periodically recurring, it is proclaimed as a turn that the eye can no longer be trusted, and that the boundaries between reality and simulation are blurred. This was the case, for example, in the late 1980s, when digitalization began to promise unlimited access to pixels, and media theorists attempted to think of photography and video as a kind of painting. Although the cinema audience of Steven Spielberg's *Jurassic Park* in 1992 (when William

[3] *See: Roland Barthes, Camera Lucida. Reflections on Photography,* trans. Richard Howard (New York: Hill and Wang, 1981).

[4] Kendall L. Walton, "Fotografische Bilder," in: Julian Nida-Rümelin and Jakob Steinbrenner (eds.), *Kunst und Philosophie,* vol. 5, *Fotografie zwischen Dokumentation und Inszenierung* (Ostfildern: Hatje Cantz, 2012), p. 18.

Zyklisch wiederkehrend wird als Zäsur ausgerufen, dass fortan dem Auge nicht mehr zu trauen sei und die Grenzen zwischen Wirklichkeit und Simulation verwischen. Das war zum Beispiel Ende der 1980er-Jahre so, als die Digitalisierung den uneingeschränkten Zugriff auf Bildpunkte zu versprechen begann und Medientheoretiker*innen daraufhin Fotografie und Video als eine Art von Malerei zu denken versuchten. Zwar hat das Kinopublikum von Steven Spielbergs *Jurassic Park* 1992 (als William J.T. Mitchell den »pictorial turn« ausrief) wahrscheinlich nicht mehr angenommen, dass es sich bei den realistisch »gefilmten« Echsen ebenso gut um Roboter handeln könnte. Dennoch war das Erstaunen über die neue Simulationsqualität so groß, dass Saurier international zum bestimmenden Thema eines langen Sommers wurden. Obschon man spätestens seit diesem Film weiß, dass Fotos nicht nur kaum, sondern tatsächlich gar nicht zu trauen ist, funktionieren sie immer noch als Beweise, sogar in Gerichtsprozessen. Seltsamerweise tritt hinsichtlich ihrer Unzuverlässigkeit kein Gewöhnungseffekt ein, und diesbezügliche Prognosen erweisen sich immer wieder als falsch. Zu behaupten, dass Fotografie heute keine dokumentierende Funktion mehr habe, wäre also genauso falsch wie richtig: Zwar kann sie stets reine Illusion sein, aber was sie zeigt – und sei es ein Objektivdeckel im Einsatz – muss aufgrund des unverwüstlichen Glaubens an ihre Indexikalität wohl trotzdem irgendwann Realität gewesen sein.

Ein zunehmendes Reproduzieren und Registrieren der Gegenwart ist zu beobachten. Das Einfrieren der Zeit, das Abbilden, Spiegeln und Duplizieren der Welt lässt diese verfügbar erscheinen: Wir können sie sammeln, sortieren und arrangieren, wir können sie verkleinern, vergrößern und beliebig modifizieren. Zwar stellen Fotos oft eher zufällige Wirklichkeitsausschnitte auf Dauer, und nur wenige Fotos bleiben Jahrzehnte erhalten (im privaten Bereich sind es zum Beispiel wieder gefundene, vereinzelte Urlaubs- und Familien-Schnappschüsse, nicht verwendete Passfotos et cetera). Diese wenigen, zufällig gebliebenen Fotos haben aber eine gewisse Objektivierung macht über Vergangenheit und Gegenwart, weil sie das Gedächtnis besetzen und von anderen Bildvorstellungen leer halten.[5] Oft werden eigentlich banale Fotos zu Abbildungen von Bedeutung, indem sie Vergangenes zu einem Monolithen transformieren, der in die Gegenwart hineinragt: Beim damaligen Auslösen der Kamera wurde ein Sekundenbruchteil Wirklichkeit eingefroren und sodann auf eine Reise durch Raum und Zeit geschickt.[6] Natürlich verbindet auch ein Paar alter Schuhe Orte und Zeiten, sowohl im wörtlichen Sinne als auch in der Erinnerung daran, wo wir mit ihnen gewesen sind. Aber nur das Foto zeigt das Antlitz der vergangenen Wirklichkeit – manchmal entstellend, etwa bei grotesken Gesichtsausdrücken, die erst durch das fototechnische Anhalten der Zeit sichtbar werden. Thomas Bernhard kam daher in seinem Roman *Auslöschung* von 1986 zu dem Schluss, dass die Fotografie aufgrund ihres Aufzeichnungsmoments nur Sachgegenstände richtig

[5] Vgl. Sigrid Schade, »Der Schnappschuß als Familiengrab: Entstellte Erinnerung im Zeitstil der Photographie«, in: *Zeitreise: Bilder, Maschinen, Strategien, Rätsel*, hrsg. Georg Christoph Tholen, Michael Scholl, Martin Heller, Basel und Frankfurt am Main: Stroemfeld/Roter Stern, 1993, S. 287–300.

[6] Vgl. Ines Schaber, »Fotografie und Kunst. Drei Fragen an Ines Schaber«, in: 5. Europäischer Monat der Fotografie, hrsg. Kulturprojekte Berlin GmbH, Bielefeld: Kerber, 2012, S. 22.

J. T. Mitchell proclaimed the "pictorial turn") probably no longer assumed that the realistically "filmed" lizards could just as well be robots, the amazement at the new simulation quality was nevertheless so great that, internationally, dinosaurs became the defining theme of a long

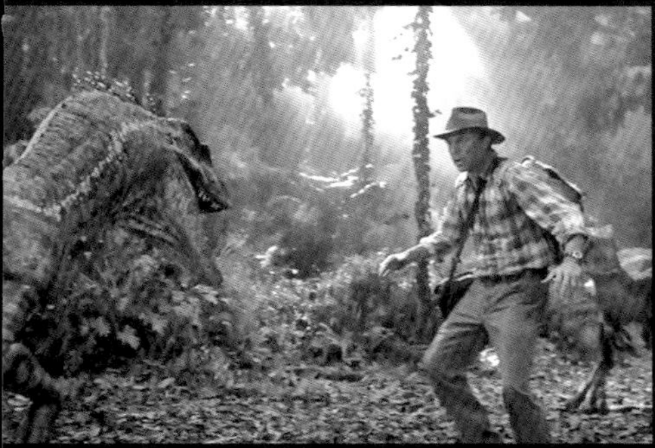

summer. Although it has been known, at the latest since this film, that not only can photos hardly be trusted, but actually not at all, they still function as evidence, even in court trials. Paradoxically, with regard to their unreliability, no habituation effect occurs, and forecasts to this effect prove time and again to be wrong. To claim that photography today no longer has a documentary function would therefore be just as wrong as it is correct: Although it can always be pure illusion, what a photograph depicts – even if it is a lens cap in use – must nevertheless and due to the indestructible belief in its indexicality, have been reality at some point.

An increasing reproducing and registering of the present can be observed. The freezing of time, the depicting, mirroring, and duplicating of the world makes it appear available: We can collect, sort, and arrange it; we can reduce, enlarge, and modify it at will. Photos often depict rather random details of reality, and only a few photos are preserved for decades (in the private sphere, for example, there are rediscovered, isolated holiday and family snapshots, unused passport photos, etc.). These few randomly preserved photos have, however, a certain power of objectification over the past and the present, because they occupy memory and keep it free from other visual conceptions.[5] Often, banal photographs become images of meaning by transforming the past into a monolith that projects into the present: When the camera was triggered, a fraction of a second of reality was frozen and then sent on a journey through space and time.[6] Of course, a pair of old shoes also connects places and times, both in the literal sense and in the memory of where we have been with them. But only the photo depicts the countenance of the past reality – at times disfiguring, for example in grotesque facial expressions that only become visible through the photo-technical stopping of time. Thomas Bernhard therefore came to the conclusion in his 1986 novel *Auslöschung* (Extinction) that, because of its moment of recording, photography could only correctly depict non-living objects and by no means something processual and living, including human beings. In principle, photography could not capture its essence, since this exists only in flux.

Technologically, the photographic single image increasingly turns into a sandwich of processed multiple exposures (or a still from a video), and the sheer mass of photos taken and distributed everywhere and at any time accelerates its devaluation: The former power of objectification

5 See: Sigrid Schade, "Der Schnappschuß als Familiengrab: Entstellte Erinnerungen im Zeitstil der Photographie," in: *Zeitreise: Bilder, Maschinen, Strategien, Rätsel*, eds. Georg Christoph Tholen, Michael Scholl, Martin Heller (Basel and Frankfurt am Main: Stroemfeld/Roter Stern, 1993), pp. 287–300.

6 See: Ines Schaber, "Fotografie und Kunst. Drei Fragen an Ines Schaber," in: Kulturprojekte Berlin GmbH (ed.), *5. Europäischer Monat der Fotografie* (Bielefeld: Kerber, 2012), p. 22.

abbilden könne, keinesfalls etwas Prozesshaftes und Lebendiges, also auch keinen Menschen. Dessen Wesen könne die Fotografie prinzipiell nicht erfassen, weil es nur im Flux existiere.

Technologisch wandelt sich das fotografische Einzelbild zunehmend zu einem Sandwich aus prozessierten Mehrfachbelichtungen (oder zum Still eines Videos) und durch die schiere Masse an Aufnahmen, die überall und zu jedem Zeitpunkt gemacht und distribuiert werden, beschleunigt sich seine Entwertung: Die frühere Objektivierungsmacht des Einzelbildes schwindet. Jüngere Generationen scheinen sich in hohem Maße gerade über die Fülle von Abbildungen zu definieren, besonders wenn sie selbst deren Motiv sind. Private Situationen und nebensächliche Unterhaltungsereignisse werden zu öffentlichen Realitäten, indem Abbildungen davon durch mediale Schneeballeffekte in sozialen Medien weltweite Aufmerksamkeit erzeugen.

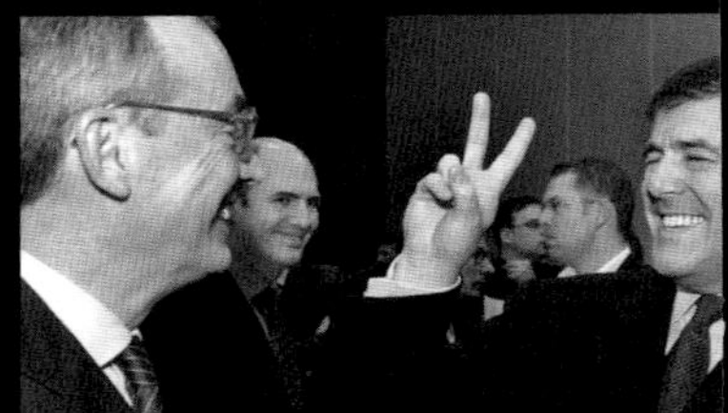

Wer Bilder herstellt, ist Konstrukteur*in der Realität. Diese Gleichung gilt insbesondere auch dort, wo um politische Ereignisse und um die schnelle Verbreitung von diesbezüglichen Bildern gekämpft wird. Schlagende Beispiele dafür liefert die Kriegsfotografie. Da ihre Bilder in den 1960er-Jahren den Vietnamkrieg entschieden hatten, wurde sie in den frühen 1990er-Jahren im zweiten Golfkrieg weit möglichst unterbunden – was Jean Baudrillard zu der missverständlichen These verleitete, dieser Krieg habe gar nicht stattgefunden. Im dritten Golfkrieg 2003 schließlich versuchte man, die fotografische Berichterstattung »embedded« zu kontrollieren. Kurz darauf gefährdete die unkontrollierte Veröffentlichung von Souvenirfotos der Folterungen irakischer Kriegsgefangener durch US-amerikanische Soldat*innen vorübergehend George W. Bushs zweite Amtszeit als Präsident der USA. Und seit dem Arabischen Frühling wissen wir, dass Handyfotos von Demonstrant*innen den Lauf der Geschichte und die Zukunft ganzer Länder verändern können. »Handyfotos zerschlagen die Herrschaft des Stativs« – damit meinte der libanesische Künstler Rabih Mroué, dass die via Internet verbreiteten Fotos von Kriegsopfern in Syrien das staatliche Bildmonopol von Präsident Baschar al-Assad unterlaufen. Tatsächlich entsteht in Mediengesellschaften Realität erst durch Bilder, und Ereignisse scheinen überhaupt nur dann stattzufinden, wenn sie medial präsent sind.

Das zeigte 2012 in Frankfurt am Main auch die große Kunstausstellung *Making History*, die nach Gegenwart und Zukunft des fotografischen oder videografischen Historienbildes fragte.[7] Als Einführung wurden die meistverkauften Fotos der Deutsche Presse-Agentur der Jahre 2004 bis 2011 präsentiert, um damit zu demonstrieren, wie aus dem massenhaften Verbreiten von Medienbildern visuelle Monolithen – Geschichtsbilder also – entstehen. Unter diesen Bestsellern befand sich zum Beispiel das Bild des ehemaligen Deutsche-Bank-Chefs Josef Ackermann, dessen Victory-Zeichen zum Ausgang seines Gerichtsprozesses das Ansehen einer ganzen Branche schwer beschädigte (2004); das Bild von Joseph Ratzinger, dessen erhobene

[7] Diese Ausstellung wurde zeitgleich im Frankfurter Kunstverein, im Museum für Moderne Kunst, im Fotografie Forum Frankfurt sowie im öffentlichen Raum präsentiert. Vgl. *Making History*, hrsg. Ray Fotografieprojekte Frankfurt/RheinMain, Ostfildern: Hatje Cantz, 2012.

of the single image dwindles. Younger generations seem to define themselves to a large extent through the abundance of images, especially when they themselves are their motif. Private situations and incidental entertainment events become public realities in that images of those generate worldwide attention through snowball effects on social media.

Those who produce pictures are constructors of reality. This equation also applies in particular where political events and the rapid dissemination of images relating to them are fought over. War photography provides striking examples of this. Since pictures had a decisive effect on the Vietnam War in the 1960s, they were prevented as far as possible during the second Gulf War in the early 1990s – which led Jean Baudrillard to the misleading thesis that this war had not even taken place. Finally, in the third Gulf War of 2003, an attempt was made to control photographic reporting by "embedding" it. Shortly thereafter, the uncontrolled publication of souvenir photos of the torture of Iraqi prisoners of war by US soldiers temporarily jeopardized George W. Bush's second term as President of the USA. Since the Arab Spring, we know that cell phone photos of demonstrators can change the course of history and the future of entire countries. "Cell phone photos smash the dominance of the tripod" – by this, the Lebanese artist Rabih Mroué meant that the photos of war victims in Syria, distributed via the Internet, undermine the state monopoly on images by President Bashar al-Assad. In fact, in media societies, reality is created solely through images, and events only seem to take place if they are present in the media.

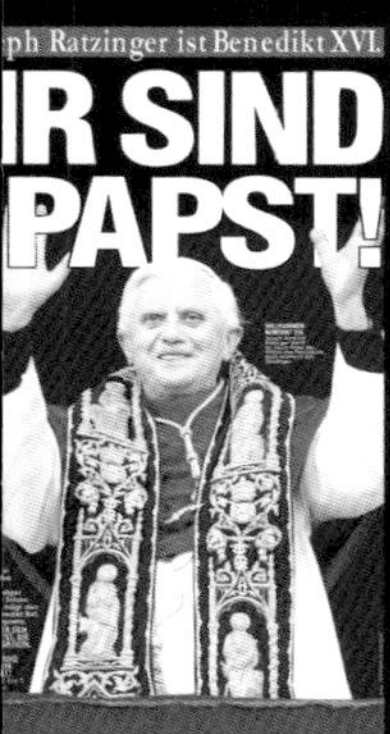

This was also demonstrated in Frankfurt am Main in 2012 by the major art exhibition Making History, which asked about the present and future of the photographic or videographic picture of historical events.7 As an introduction, the top-selling photos of the Deutsche Presse-Agentur (dpa) from 2004 to 2011 were presented in order to demonstrate how visual monoliths – that is to say, historical images – emerge from the mass distribution of media images. Among these top-sellers was, for example, the image of former Deutsche Bank boss Josef Ackermann, whose victory sign at the end of his lawsuit severely damaged the reputation of an entire industry (2004); the image of Joseph Ratzinger, whose raised hands inspired the newspaper *Bild* to associate the papal election with a world championship victory, as well as to the jubilant title *Wir sind Papst!* ("We Are the Pope!", 2005); and the image of a severely injured demonstrator whose bleeding eyes almost toppled the "Stuttgart 21" project (2010).

The media public is borderless, it no longer has a center or leading media, and with the almost ubiquitous access to the Internet, many control monopolies have fallen. At the same time, it has become enormously controllable, because targeted image scattering is used to create alleged realities, especially during wars or presidential elections., During political or military conflicts, it is often no longer about preventing disagreeable images, but about tactically adding competing

[7] This exhibition was presented simultaneously in the Frankfurter Kunstverein, the Museum für Moderne Kunst, the Fotografie Forum Frankfurt, and in the public space. See: Ray Fotografieprojekte Frankfurt/RheinMain (ed.), *Making History*, exh. cat. Frankfurter Kunstverein et al., Frankfurt am Main (Ostfildern: Hatje Cantz, 2012).

Hände die *Bild*-Zeitung zur Assoziation eines Weltmeisterschaftssieges und zu dem Jubeltitel *Wir sind Papst!* inspirierten (2005); das Bild eines schwer verletzten Demonstranten, dessen blutende Augen fast das Projekt Stuttgart 21 gekippt hätten (2010).

Die Medienöffentlichkeit ist grenzenlos, sie hat kein Zentrum und keine Leitmedien mehr, und mit dem fast allgegenwärtigen Zugang zum Internet sind viele Kontrollmonopole gefallen. Zugleich ist sie enorm steuerbar geworden, weil mit gezielten Bildstreuungen vermeintliche Realitäten erschaffen werden, insbesondere bei Kriegen oder Präsidentschaftswahlen. Oft geht es in politischen oder militärischen Konflikten nicht mehr um das Unterbinden unliebsamer Bilder, sondern um das taktische Hinzufügen von konkurrierenden, die dann Authentifizierungskämpfe auslösen: Schwarmintelligenz manifestiert sich eben auch in der blitzartigen Verbreitung visueller Gerüchte und Desinformation. Das oft bemühte Diktum des römischen Lehrers Quintilianus, dass derjenige, der die Macht über die Bilder habe, auch die Macht über die Menschen besitze, muss also aktualisiert werden.

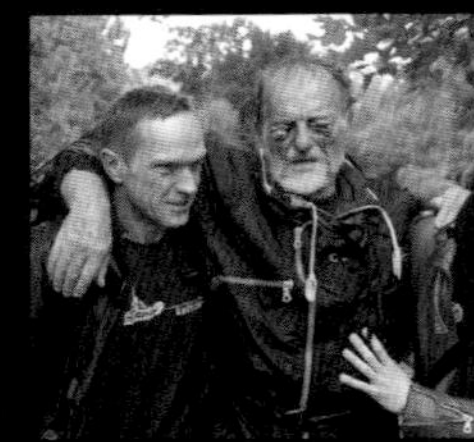

Präzise passte dieses Diktum aus der Antike immerhin noch zur rumänischen Revolution im Dezember 1989. Einige opferreiche Tage lang war damals nicht ausgemacht, ob der Volksaufstand gelingen würde: Vom besetzten Fernsehstudio aus beschworen die Revolutionär*innen ihre Landsleute zum Marsch auf Bukarest. Nur weil dem Volk die ausgesetzte Macht der Diktatur via Television bewiesen werden und die Geheimpolizei Securitate diesen Schwebezustand nicht disqualifizieren konnte, gelang der Umsturz. Von langjährigen Propagandalügen nachhaltig verunsichert erzwangen die Rumän*innen kurz darauf von ihren Revolutionär*innen die Ausstrahlung von Erfolgsbeweisen, nämlich die Bilder der erschossenen Despoten (Nicolaus und Elena Ceauşescu). In diesen Stunden und Tagen um Weihnachten 1989 entschieden die gesendeten und die empfangenen Bilder in Rumänien über Leben und Tod, über das Schicksal eines ganzen Landes und über den Fortgang des kollabierenden Blockmachtsystems. Im Gegensatz zu den wenige Wochen zuvor weltweit verbreiteten Bildern aus Berlin von der »gefallenen« deutsch-deutschen Mauer, waren diese »operativen Bilder« (Harun Farocki) aus Bukarest nicht nur am Puls des Geschehens, sondern sie waren selbst dieser Puls. Das machte sie zu buchstäblich idealen Historienbildern – und inspirierte Farocki zu seiner berühmt gewordenen Medienanalyse *Kamera und Wirklichkeit: Rumänien 1989,* die 1992 auf dem Sender arte ausgestrahlt wurde.

Neben taktischen Bildstreuungen gibt es auch immer wieder Beispiele für die Verknappung von Bildern. So etwa bei jener berühmt gewordenen Aufnahme vom 1. Mai 2011, die den damaligen US-Präsidenten Barack Obama und seinen Sicherheitsstab im sogenannten Situation Room zeigt, angeblich während der Live-Übertragung von der Tötung Osama bin Ladens. In diesem offenbar engen Raum drängen sich viele Personen, im Vordergrund an einem Tisch mit mehreren Laptops sitzend, im Hintergrund stehend bis zur Tür hinaus. In der Mitte ist ein Militäruniformierter mit vielen Abzeichen auf der Brust zu sehen, Präsident Obama hingegen sitzt halb geduckt etwas an der Seite. Rechts hält Außenministerin Hillary Clinton die Hand vor den Mund – scheinbar vor Schreck –, und alle Personen schauen links aus dem Bild hinaus;

ones that then trigger battles of authentication: Swarm intelligence also manifests itself in the rapid dissemination of visual rumors and disinformation. The frequently used dictum of the Roman educator Quintilian that those who have power over images also possess power over people, must therefore be updated.

This dictum from antiquity still applied to the Romanian revolution of December 1989. For days that saw many casualties, it was not clear whether the popular uprising would succeed: From the occupied television studio, the revolutionaries invoked their compatriots to the march on Bucharest. The revolution was only successful because it was proven to the people via television that the power of the dictatorship was suspended, and the secret police Securitate could not disqualify this state of limbo. The Romanians, who were unsettled by long-standing propaganda lies, shortly afterwards forced their revolutionaries to broadcast proof of success, namely the images of the executed despots (Nicolaus and Elena Ceauşescu). In these hours and days around Christmas 1989, the pictures sent and received in Romania decided on life and death, on the fate of an entire country, and on the progress of the collapsing power system of the Eastern Bloc. In contrast to the images from Berlin of the "fallen" German-German Wall that had been distributed worldwide a few weeks earlier, these "operative images" (Harun Farocki) from Bucharest were not only at the pulse of the events, but they were that pulse. This made them literally ideal history pictures – inspiring Farocki to his famous media analysis *Camera and Reality: Romania 1989,* which was broadcast on arte in 1992.

In addition to the tactical distribution of images, there are also examples of the scarcity of images. For example, the famous photograph from May 1, 2011, which depicts the then US

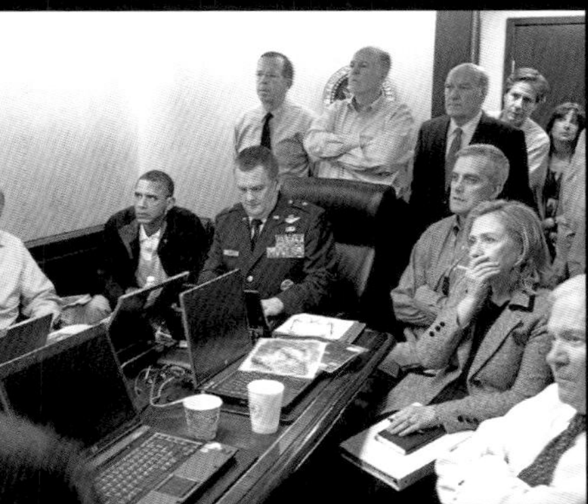

President Barack Obama and his security staff in the so called Situation Room, allegedly during the live broadcast of the killing of Osama bin Laden. Many people appear cramped together in this apparently narrow room, sitting at a table with several laptops in the foreground or standing in the background, all the way out the open door. In the middle, there is a man in military uniform with numerous badges on his chest; President Obama sits half-crouched at his side. On the right, Secretary of State Hillary Clinton holds her hand in front of her mouth – apparently in shock – as all the people gaze out of the picture to the left: They seem to be concentrating on what is apparently shown on a large wall monitor but is invisible to us, the viewers of this photo. To this day, the murder of the world's most wanted terrorist is "documented" only by this indirect photograph from the White House. It alone serves as visual evidence of the military action, while other images from Pakistan are withheld from the global public. The victorious power has claimed the right over one image only.

A great deal was written about this media-strategic formation; and just a few days after its publication, the photograph became one of the most significant history pictures of the twenty-first century. Nevertheless, doubts soon arose as to whether it had even been taken

Sie scheinen konzentriert zu beobachten, was dort offenbar auf einem großen Wandmonitor gezeigt wird, für die Betrachter*innen dieses Fotos aber unsichtbar ist. Bis heute ist die Ermordung des weltweit meistgesuchten Terroristen nur durch diese eine indirekte Fotografie aus dem Weißen Haus »dokumentiert«. Nur sie dient als visueller Nachweis der militärischen Aktion, andere Bilder aus Pakistan bleiben der Weltöffentlichkeit vorenthalten. Die Siegermacht hat sich das Recht des einzigen Bildes genommen.

Über diese medienstrategische Formung ist sehr viel geschrieben worden und schon wenige Tage nach seiner Veröffentlichung war das Foto zu einem der signifikantesten Historienbilder des 21. Jahrhunderts geworden. Allerdings kamen bald auch Zweifel auf, ob es überhaupt während des besagten Moments aufgenommen worden war. Insider erklärten, Obama habe sich zum Zeitpunkt der Tötung gar nicht vor Ort befunden (und der Situation Room ist in Wirklichkeit ein über 500 Quadratmeter großer Sicherheitsbereich mit zahlreichen Räumen). Jedenfalls manifestiert das Bild, dass wir meist nur einen Teil des Geschehens sehen, aus nur einer Perspektive: Sein Gegenstand zeigt die Abwesenheit eines anderen Gegenstandes – und zwar nur dadurch, dass dies behauptet wird.[8] Genau wie bei dem schwarzen Trugbild mit dem Titel *Objektivdeckel im Einsatz.*

Offenkundig herrscht heute ein visueller Antagonismus: Einerseits gilt es als selbstverständlich, die Realitätsnähe von Bildern infrage zu stellen, andererseits wird der Medienöffentlichkeit und ihren Abbildern unumwunden geglaubt. Welche Folgen hat dies für eine Geschichtsschreibung, die sich an Bildern orientiert, und welche Art von kulturellem Gedächtnis erwächst daraus? Wie sehen jüngere Generationen, die mit der Möglichkeit totaler Bildmanipulation aufgewachsen sind, Historienbilder der Vergangenheit, wie zum Beispiel jenes von Willi Brandts Kniefall 1970 im ehemaligen Warschauer Ghetto? Diese ikonisch gewordene Demutsgeste gehört zu den bekanntesten Fotos der Nachkriegsgeschichte, ist wahrscheinlich in jedem diesbezüglichen Schulbuch abgedruckt und keine Dokumentation über die europäische Ostpolitik im 20. Jahrhundert kommt ohne dieses Motiv aus. Bis heute ist aber umstritten, ob Brandts andächtige Bitte um Vergebung für die deutschen Verbrechen im Zweiten Weltkrieg damals spontan oder gründlich überlegt war, und falls sie geplant war, an wen sie sich richtete. Solche historisch gewordenen Abbildungen werfen nicht nur die Frage auf, was sie von den jeweiligen Situationen, Zeiten und Konstellationen wiedergeben, sondern auch, welche prägenden Fotos der Gegenwart künftig als ikonische erkannt werden. Wird es sich bei den Historienbildern von morgen noch um journalistische Fotos im eigentlichen Sinne handeln?

Auch mit Blick auf den künftigen Zugang zu Bildern stellen sich grundlegende Fragen. Dem massenhaften Fotografieren und potenziellen Herstellen einer multiplen Gegenöffentlichkeit steht das Quasi-Monopol von wenigen Megakonzernen auf die Verbreitung von Abbildungen entgegen. Paradoxerweise ist gerade dies der Grund dafür,

[8] Vgl. Barbara Basting, »Die Macht der Bilder ist die Macht der Filter«, in: ebd., S. 183–192. Bastings Text basiert in weiten Teilen auf einem Konzept des Autors, der Mitgründer und -kurator der ersten Ausgabe der Foto-Triennale *Ray* (Frankfurt/RheinMain) war.

during the moment in question. Insiders explained that Obama had not been there at all at the time of the killing (and the Situation Room is actually a 500 square meter security area with numerous rooms). In any case, the picture demonstrates that we usually see only a small part of what is happening, and from only one perspective: Its subject shows the absence of another subject – and this by mere assertion.[8] Just as the black phantom picture titled *Lens Cap in Use.*

Obviously, a visual antagonism prevails today: On the one hand, it is quite natural to question the authenticity of images; while, on the other hand, the media public and its images are outright believed. What consequences does this have for a historiography oriented towards images, and what kind of cultural memory does it give rise to? How do younger generations who grew up with the possibility of total image manipulation see history images of the past, such as that of Willi Brandt kneeling in the former Warsaw Ghetto in 1970? This iconic gesture of humility is one of the best-known photos in post-war history. It is printed in probably every textbook on the subject, and no documentation of European politics toward the East in the twentieth century can do without this motif. But it is still disputed today whether Brandt's devout request for forgiveness for the German crimes of the Second World War was spontaneous or carefully planned, and if it was indeed planned, to whom it was addressed. Such historical pictures not only raise the question as to what they portray of the respective situations, times, and constellations, but also which formative photos of the present will be recognized as iconic in the future. Will the history pictures of tomorrow still be journalistic photos in the true sense?

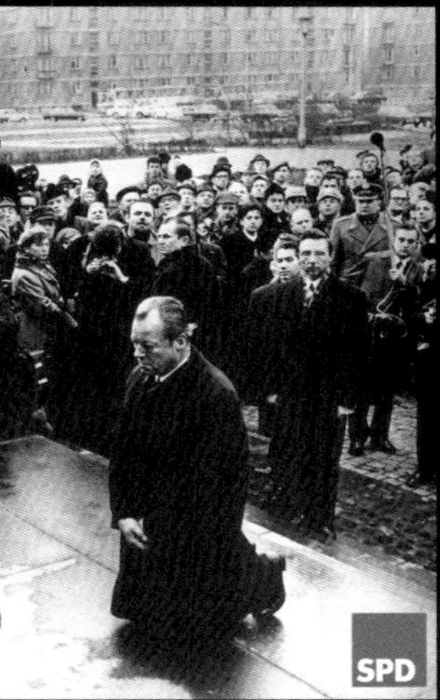

Fundamental questions also arise with regard to the future access to images. The photographing of masses of images and the potential creation of a diversified counter-public is offset by the quasi-monopoly of a few mega-corporations on the distribution of images. Paradoxically, this is precisely the reason why there are so many different pictorial worlds: The data compiled allows Google to pre-filter an individual selection of them for each and every network user – according to the "history" of his or her searches on the computer used and its location. The relevance of images – and thus also of events – is no longer derived from the assumed social significance, but rather from the interaction of network users. Among the conditions of possibility for this underestimated caesura could be the fact that, today, photos are almost exclusively distributed immaterially and hardly printed any more.

The production and consumption of images and information are rampant. But mediatization has certainly not yet reached its climax: Soon, every ballpoint pen or sneaker will be shooting films and sending them to half the world without delay enabling a permanent depiction of one's own environment and reality – an eternal reflection. In view of this development, approaches on

[8] See: Barbara Basting, "Die Macht der Bilder ist die Macht der Filter," in: ibid., pp. 183–92. Basting's text is based to a large extent on the concept of the author, who was co-founder and co-curator of the first edition of the photo triennial *Ray* (Frankfurt/RheinMain).

dass es viele Bildwelten gibt: Die zusammengeführten Daten erlauben es Google, jedem und jeder Netznutzer*in eine individuelle Auswahl davon vorzufiltern – entsprechend der »history« seiner oder ihrer Anfragen auf dem jeweils benutzten Computer und dessen Standort. Die Relevanz von Bildern – und also auch von Ereignissen – wird nicht mehr aus der angenommenen gesellschaftlichen Bedeutung abgeleitet, sondern aus der Interaktion von Netznutzer*innen. Zu den Möglichkeitsbedingungen dieser unterschätzten Zäsur könnte auch der Umstand gehören, dass Fotos heute fast nur noch immateriell distribuiert und kaum mehr gedruckt werden.

Die Produktion und der Konsum von Bildern und Informationen sind entfesselt. Aber ihren Höhepunkt hat die Mediatisierung sicher noch nicht erreicht: Bald wird wohl jeder Kugelschreiber oder Turnschuh Filme aufnehmen und verzögerungsfrei an die halbe Welt verschicken und ein permanentes Abbilden der eigenen Umgebung und Wirklichkeit ermöglichen – eine Dauerspiegelung. Angesichts dieser Entwicklung sind Thesen zum Umgang mit, zur Herkunft von und zur Orientierung in Bildmilieus essenziell: Es geht um das Sich-Zurechtfinden und Lesen-Können der Bilder und um Antworten auf die Frage, wie dem permanenten Rezeptionsangebot zu begegnen ist. Dass in der Kunstgeschichte der Begriff der Bildwissenschaft vorübergehend so stark werden konnte, war sicher auch eine Reaktion auf die Beobachtung zahlreicher künstlerischer Positionen zum Sammeln und Ordnen, zum Kommentieren und Dekonstruieren von Medienbildern, die eben beanspruchen, Realität zu sein.

Künstler*innen wissen, dass Abbildungen im Kunstkontext mutieren: Medizinische Fotos, Polizeifotos, Modefotos, Werbefotos, private Fotos, Tagebuchfotos, Handybilder und Zeitungsfotos werden in Kunstausstellungen anders gelesen. Auf der Museumswand ist in einem Modefoto etwas zu entdecken, das man in einer Zeitschrift und erst recht auf einer Website übersehen hätte, denn im White Cube herrschen andere Gesetze der Aufmerksamkeit, der Präsenz im Raum und der Aufladung mit Bedeutung. Viele Künstler*innen dekonstruieren bekannte Gebrauchsweisen der Fotografie und treffen dadurch Aussagen über die Politik der Bilder.

Bereits in den 1980er-Jahren hatte der Mailänder Fotograf Oliviero Toscani mit seinen höchst umstrittenen Kampagnen für die Firma Benetton so öffentlich wirksam wie niemand zuvor die Frage nach moralischen Grenzen der Bildverwertung gestellt und gleichzeitig mit großer Chuzpe eine Brücke geschlagen zwischen dem journalistischen Foto, der Werbeaufnahme und dem künstlerischen Bild. Folgerichtig befinden sich einige der damaligen Banner dieser Kampagnen – zum Beispiel das mit dem todgeweihten HIV-Erkrankten oder jenes mit dem blutigen Hemd eines im Bosnienkrieg Erschossenen – mittlerweile in den Sammlungen von Kunstmuseen.

Viele Künstler*innen der Gegenwart beziehen sich heute eher auf die Mediatisierung von Ereignissen anstatt auf diese selbst. Sie kalkulieren gezielt mit jenem Stempel, den bekannte Bilder im kollektiven Gedächtnis hinterlassen haben, das heißt, sie zitieren und rekurrieren auf das Wissen von journalistisch vermittelten Ereignissen oder produzieren Reenactments. Andere Künstler*innen thematisieren die Eigenarten von Medienbildern durch Sezierung

dealing with the origins of, and the orientation in pictorial milieus are essential: It is a matter of getting one's bearings and being able to read the images as well as of answers to the question of how to meet the permanent offer of reception. The fact that, in art history, the concept of visual culture temporarily could become so strong was certainly also a reaction to the observation of numerous artistic positions on collecting and ordering, commenting on and deconstructing media images that claim to be reality.

Artists know that images mutate in the context of art: Medical, police, fashion, advertising, private, diary, cell phone, and newspaper photos are all read differently in art exhibitions. On the museum wall, a fashion photo reveals something that would have been overlooked in a magazine and even more so on a website, because in the White Cube other laws of attention, of presence in space, and of charging with meaning prevail. Many artists deconstruct well-known uses of photography and thereby make statements about the politics of images.

As early as the 1980s, the Milanese photographer Oliviero Toscani, with his highly

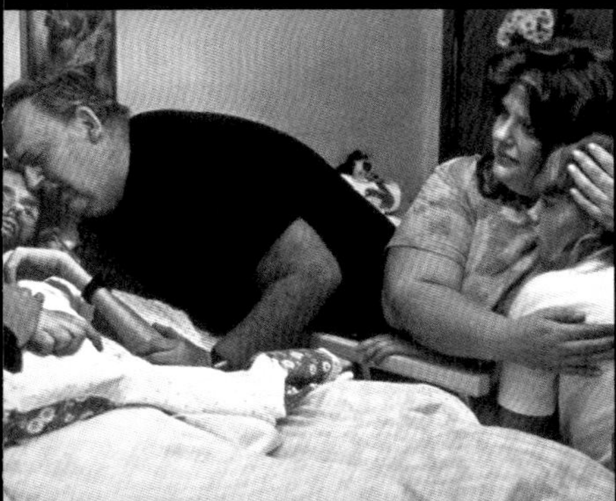

controversial campaigns for the Benetton company, raised the question of the moral limits of the utilization of images to greater public effect than anyone before him. At the same time, and with a good deal of chutzpah, he built a bridge between journalistic, advertising, and artistic photography. Consequently, several of the images from these campaigns – for example, the one with the dying HIV patient or the one with the bloody shirt of a person shot dead in the Bosnian war – are now in the collections of art museums.

Many contemporary artists refer today to the mediatization of events rather than to the events themselves. They deliberately calculate with the stamp that familiar images have left on the collective memory, that is, they quote and refer back to the knowledge of journalistically mediated events or produce reenactments. Other artists address the idiosyncrasies of media images through dissection or re-composition and work on their deceleration. One common feature of such processes in art photography without a photographer is that statements are made through selection and organization rather than through the photographic image itself. In this way, the relationship of documentary photography to reality is called into question.

A good example of this is Alfredo Jaar, whose entire oeuvre revolves around the politics of images without using his own photographs. His work *May 1, 2011* (2011) refers to the abovementioned image of Obama's security staff in the Situation Room and consists primarily of two large flat screens hanging on the wall like a diptych. On the right is a still image of the only known observation of the event. Since the monitor promises a video, one waits eagerly for something to happen, for further images to appear or for an action to disenchant the cemented single image, and that the questions will finally be answered. But nothing happens, the monolith is motionless. Meanwhile, the left monitor shows only a radiant white, also without change: Nothing emerges from the fog, nothing becomes recognizable.

oder Neukomposition und arbeiten an deren Entschleunigung. Eine Gemeinsamkeit solcher Verfahren einer Kunstfotografie ohne Fotograf*in ist, dass Aussagen eher durch Auswahl und Organisation als durch die fotografische Aufnahme getroffen werden und dass der Realitätsbezug der dokumentarischen Fotografie infrage gestellt ist.

Ein gutes Beispiel dafür ist Alfredo Jaar, dessen gesamtes Œuvre um die Politik der Bilder kreist, ohne dabei eigene Fotografien einzusetzen. Sein Werk *May 1, 2011,* 2011, bezieht sich auf jenes oben beschriebene Bild von Obamas Sicherheitsstab im Situation Room und besteht im Wesentlichen aus zwei großen Flachbildschirmen, die wie ein Diptychon an der Wand hängen. Auf dem rechten ist als Standbild die bekannte einzige Aufnahme der Beobachtung eines Ereignisses zu sehen. Da der Monitor natürlich ein Video verspricht, wartet man gespannt darauf, dass etwas geschieht, dass weitere Abbildungen erscheinen oder eine Handlung das zementierte Einzelbild entzaubert. Und: dass die Fragen endlich beantwortet werden. Aber nichts geschieht, der Monolith ist reglos. Derweil zeigt der linke Monitor nur ein strahlendes Weiß, ebenfalls ohne Veränderung: Nichts taucht aus dem Nebel auf, nichts wird erkennbar. Was bleibt, ist die einzige, bezweifelte Abbildung und ein konturloses, gleißendes Rauschen. Besser hätte ein Künstler das Phänomen dieses Historienbildes des 21. Jahrhunderts kaum auf den Punkt bringen können.

Abbildungen in der Reihenfolge ihres Erscheinens im Text:

Standbild aus Steven Spielbergs Film *Jurassic Park,* 1992
Quelle: https://johnkennethmuir.files.wordpress.com/2012/04/jp3d.jpg

»Josef Ackermann (r.) scherzt am Mittwoch (21.1.2004) vor Prozessbeginn im Düsseldorfer Landgericht mit dem ehemaligen Mannesmann-Vorstandsvorsitzenden Klaus Esser (l.)«, dpa
Quelle: https://www.faz.net/aktuell/politik/harte-bretter/zum-abschied-von-josef-ackermann-das-victory-zeichen-karriere-einer-ablichtung-1383297.html

Titelblatt der *Bild*-Zeitung am 20. April 2005, dpa
Quelle: https://www.axelspringer.com/de/presseinformationen/bild-begruesst-papst-benedikt-xvi-in-deutschland-axel-springer-haus-in-berlin-wird-mit-titelseite-wir-sind-papst-verhuellt

Opfer einer Demonstration gegen »Stuttgart 21«, 2010
Quelle: http://cdn4.spiegel.de/images/image-136833-galleryV9-flec.jpg

Pete Souza, *Situation Room,* 2011
Quelle: http://juanitajean.com/wp-content/uploads/2013/08/04_situation-room.jpgdpa,

Willi Brandt in Warschau, 1970
Quelle: https://www.facebook.com/SPD/photos/a.73469452748/10156059339622749/?type=3&theater

Oliviero Toscani, *David Kirby's final moments,* 1990
Quelle: http://www.silviaminguzzi.com/cristoinscurto/img/benetton-david-kirby.jpg

Alfredo Jaar, *May 1, 2011,* 2011
Quelle: https://www.scadmoa.org/exhibitions/2011/may-1-2011

What remains is the sole dubious image and a contour-less, glistening noise. No other artist could have better summed up the phenomenon of this history picture of the twenty-first century.

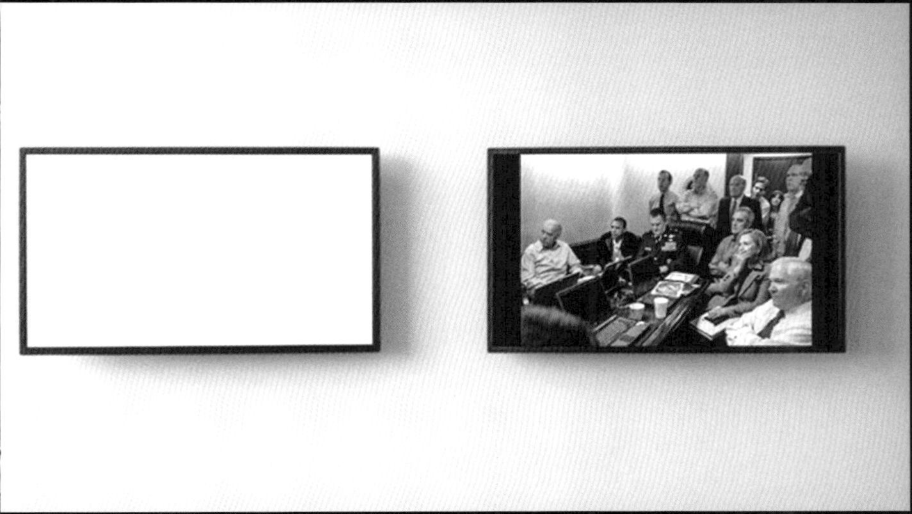

Images in the order of their appearance in the text:

Film still from Steven Spielberg's *Jurassic Park,* 1992
Source: https://johnkennethmuir.files.wordpress.com/2012/04/jp3d.jpg

"Josef Ackermann (r) jokes with former Mannesmann Chairman Klaus Esser (l) on Wednesday (January 21, 2004) before the start of the trial at the Düsseldorf District Court," dpa
Source: https://www.faz.net/aktuell/politik/harte-bretter/zum-abschied-von-josef-ackermann-das-victory-zeichen-karriere-einer-ablichtung-1383297.html

Front page of the German newspaper *Bild* from April 20, 2005. dpa. Source: https://www.axelspringer.com/de/presse-informationen/bild-begruesst-papst-benedikt-xvi-in-deutschland-axel-springer-haus-in-berlin-wird-mit-titelseite-wir-sind-papst-verhuellt

Victim of a demonstration against «Stuttgart 21", 2010
Source: http://cdn4.spiegel.de/images/image-136833-galleryV9-flec.jpg

Pete Souza, *Situation Room,* 2011, dpa
Source: http://juanitajean.com/wp-content/uploads/2013/08/04_situation-room.jpg

Willi Brandt in Warsaw, 1970
Source: https://www.facebook.com/SPD/photos/a.73469452748/10156059339622749/?type=3&theater

Oliviero Toscani, *David Kirby's final moments,* 1990
Source: http://www.silviaminguzzi.com/cristoinscurto/img/benetton-david-kirby.jpg

Alfredo Jaar, *May 1, 2011,* 2011
Source: https://www.scadmoa.org/exhibitions/2011/may-1-2011

ZU DEN KÜNSTLER*INNEN / ON THE ARTISTS

Wolfgang Zurborn (geb. 1956 in Ludwigshafen am Rhein, lebt in Köln) studierte zunächst an der Bayerischen Staatslehranstalt für Photographie in München (1977–1979) und danach an der Fachhochschule Dortmund (1979–1984). 1985 wurde ihm der Otto-Steinert-Preis der Deutschen Gesellschaft für Photographie und 2008 der Deutsche Fotobuchpreis verliehen. Zurborn hatte weltweit zahlreiche Einzelausstellungen, darunter 2009 im Haus der Photographie, Deichtorhallen Hamburg. Zu seinen wichtigsten Gruppenausstellungen zählten *Von Körpern und anderen Dingen* (2003/04 in Prag, Moskau, Berlin und Bochum) sowie *Prospect Photographie* (1989 in Frankfurt am Main). Neben seiner eigenen künstlerischen Arbeit betreibt Wolfgang Zurborn zusammen mit Tina Schelhorn seit 1986 in Köln die Galerie Lichtblick e.V., die bislang in über 180 Ausstellungen internationalen Fotograf*innen ein Forum geboten hat. 1998 war Zurborn Präsidiumsmitglied der Deutschen Fotografischen Akademie, 2010 gründete er die Lichtblick School. Neben zahlreichen Lehraufträgen in Deutschland, Italien und der Slowakei leitete er 2012/13 in Zusammenarbeit mit der Deutschen Forschungsgemeinschaft und dem German House of Research and Innovation (New Delhi) Master Classes, deren Ergebnisse 2014/15 in New Delhi und Kolkata präsentiert wurden.

Viktoria Binschtok (geb. 1972 in Moskau, lebt in Berlin) hat an der Hochschule für Grafik und Buchkunst in Leipzig studiert (1995–2005) und war dort Meisterschülerin von Timm Rautert. Sie erhielt diverse Stipendien und Auszeichnungen. Seit 2002 präsentiert sie ihre Arbeit in zahlreichen Ausstellungen in Europa, Asien und in den USA, zuletzt 2019 unter anderem im National Taiwan Museum of Fine Arts, im Centre de la Photographie Genève, im Goethe Institut Mumbai und im Weserburg Museum für moderne Kunst, Bremen. Werke von Viktoria Binschtok befinden sich in folgenden Sammlungen: Museum Folkwang, Essen, Sprengel Museum, Hannover, Bundeskunstsammlung, Bonn, Museum der Bildenden Künste Leipzig, Albertinum Staatliche Kunstsammlung Dresden, DZ-Bank Art Collection, Frankfurt am Main, SAP-Collection, Walldorf, Centre Georges Pompidou, Paris, Musée d'Art Moderne Grand-Duc Jean, Luxemburg, Zabludowicz Collection, London, Colección Banco Espírito Santo, Lissabon, Fundación Helga de Alvear, Madrid, Sammlung Jan de Bont, Los Angeles, Albright-Knox Art Gallery, Buffalo.

Barbara Probst (geb. 1964 in München, lebt in New York und München) hat 1984–1990 an der Akademie der Bildenden Künste in München und an der Kunstakademie Düsseldorf studiert. Sie hatte Einzelausstellungen in zahlreichen Galerien in Europa und in den USA sowie in Institutionen wie Le Bal, Paris, Galerie Rudolfinum, Prag, CentrePasquArt, Biel, Det Nationale Fotomuseum, Kopenhagen, Stills Gallery, Edinburgh, Madison Museum of Contemporary Art, Domaine de Kerguéhennec, Bignan, Museum of Contemporary Photography, Chicago. Werke von Barbara Probst befinden sich unter anderem im Whitney Museum of American Art, New York, Akron Art Museum, MoMA New York, San Francisco Museum of Modern Art, Museum of Contemporary Art Denver, Los Angeles County Museum of Art, Museum of Fine Arts, Houston, National Gallery of Canada, Ottawa, Musée d'Art Contemporain de Montreal, Vancouver Art Gallery, Centre Georges Pompidou, Paris, Museo Cantonale d'Arte, Lugano, Galleria Nazionale d'Arte Moderna, Rom, Pinakothek der Moderne, München, Lenbachhaus, München, Kolumba, Köln, Folkwang Museum, Essen.

Wolfgang Zurborn (born 1956 in Ludwigshafen am Rhein, lives in Cologne) studied first at the Bavarian State School of Photography in Munich (1977–79) and then at the Dortmund University of Applied Sciences and Arts (1979–84). In 1985, he was awarded the Otto Steinert Prize from the Deutsche Gesellschaft für Photographie and in 2008 the German Photobook Prize. Zurborn has had numerous solo exhibitions worldwide, among others at the House of Photography, Deichtorhallen Hamburg in 2009. Among his most important group exhibitions were *Von Körpern und anderen Dingen* (Prague, Moscow, Berlin, and Bochum 2003/04) and *Prospect Photographie* (Frankfurt am Main 1989). In addition to his own artistic work, Wolfgang Zurborn has been running the Galerie Lichtblick in Cologne together with Tina Schelhorn since 1986, thus providing a forum for international photographers in over 180 exhibitions to date. In 1998, Zurborn was a board member of the Deutsche Fotografische Akademie, and in 2010 he founded the Lichtblick School. In addition to numerous teaching assignments in Germany, Italy, and Slovakia, he led Master Classes in 2012/13 in collaboration with the Deutsche Forschungsgemeinschaft and the German House of Research and Innovation (New Delhi), the results of which were presented in New Delhi and Kolkata in 2014/15.

Viktoria Binschtok (born 1972 in Moscow, lives in Berlin) studied at the Academy of Fine Arts in Leipzig (1995–2005), where she was a master student of Timm Rautert. She has received various scholarships and awards. Since 2002, she has presented her work in numerous exhibitions in Europe, Asia, and the USA, most recently at, among others, the National Taiwan Museum of Fine Arts in Taichung City, the Centre de la Photographie Genève, the Goethe Institut Mumbai, and the Weserburg Museum für moderne Kunst, Bremen (all 2019). Works by Viktoria Binschtok can be found in the following collections: Museum Folkwang, Essen; Sprengel Museum, Hanover; Bundeskunstsammlung, Bonn; Museum der Bildenden Künste Leipzig; Albertinum Staatliche Kunstsammlung Dresden; DZ-Bank Art Collection, Frankfurt am Main; SAP-Collection, Walldorf; Centre Georges Pompidou, Paris; Musée d'Art Moderne Grand-Duc Jean, Luxembourg; Zabludowicz Collection, London; Colección Banco Espírito Santo, Lisbon; Fundación Helga de Alvear, Madrid; Jan de Bont Collection, Los Angeles; Albright-Knox Art Gallery, Buffalo.

Barbara Probst (born 1964 in Munich, lives in New York and Munich) studied from 1984 to 1990 at the Academy of Fine Arts in Munich and the Academy of Art in Düsseldorf. She has had solo exhibitions in numerous galleries in Europe and the USA, as well as in institutions such as Le Bal, Paris; Galerie Rudolfinum, Prague; CentrePasquArt, Biel; Det Nationale Fotomuseum, Copenhagen; Stills Gallery, Edinburgh; the Madison Museum of Contemporary Art, Wisconsin; Domaine de Kerguéhennec, Bignan; and the Museum of Contemporary Photography, Chicago. Works by Barbara Probst can be found in the Whitney Museum of American Art, New York; the Akron Art Museum, Ohio; The Museum of Modern Art, New York; the San Francisco Museum of Modern Art; the Museum of Contemporary Art Denver; the Los Angeles County Museum of Art; the Museum of Fine Arts, Houston; the National Gallery of Canada, Ottawa; the Musée d'Art Contemporain de Montreal; the Vancouver Art Gallery; the Centre Georges Pompidou, Paris; the Museo Cantonale d'Arte, Lugano; the Galleria Nazionale d'Arte Moderna, Rome; the Pinakothek der Moderne, Munich; the Lenbachhaus, Munich; Kolumba, Cologne; and the Folkwang Museum, Essen.

Stephanie Kiwitt (geb. 1972 in Bonn, lebt in Brüssel) hat am Institut für Fotografie Opava (1994–1998), an der Fachhochschule Potsdam (1995–1997) sowie an der Hochschule für Grafik und Buchkunst in Leipzig studiert (1997–2007), dort war sie Meisterschülerin von Timm Rautert. Kiwitt erhielt diverse Stipendien und Auszeichnungen und präsentierte ihre Arbeit in Einzelausstellungen unter anderem bei Spot Gallery, Zagreb (2019), P5, Gent (2019), KV Verein für zeitgenössische Kunst Leipzig (2018), Rencontres de la Photographie, Arles (2016), Riot Gallery, Gent (2015), Kunstverein Pforzheim (2015), Galerie Weingrüll, Karlsruhe (2013), kjubh Kunstverein, Köln (2011), Galerie für zeitgenössische Kunst, Leipzig (2010), Galerie b2, Leipzig (2009), La Traverse, Marseille (2007), C/O Berlin (2006), Kunstmuseum Bonn (2003). Zu Kiwitts fotokünstlerischen Publikationen gehören *Máj/My* (Spector Books, 2018), *Four Oranges, Some Office Buildings, Woman's Legs* (APE, 2015), *Choco Choco* (Lubok, 2015), *Wondelgemse Meersen* (Kodoji, 2012), *Capital Decor* (Kodoji, 2011) und *Cornerville* (Editions GwinZegal, 2008).

Julian Faulhaber (geb. 1975 in Würzburg, lebt in Berlin) hat nach mehreren Assistenztätigkeiten in Frankfurt am Main an der Fachhochschule Dortmund studiert (1999–2006) und dort auch gelehrt. Es folgten weitere Dozenturen an der Hochschule für Künste Bremen, der Frankfurter Akademie für Kommunikation und Design, der Hochschule für bildende Künste Hamburg sowie der Hochschule für angewandte Wissenschaft und Kunst in Hildesheim. Faulhaber erhielt diverse Stipendien und Auszeichnungen und hatte Einzelausstellungen in Galerien in Frankfurt, Köln, Berlin, Hamburg, Rom, New York, Washington sowie in Institutionen wie zum Beispiel im Kunstverein Recklinghausen, im Kunsthaus Erfurt sowie in den Goethe-Instituten Ungarn und Hongkong. Werke von Julian Faulhaber befinden sich unter anderem in folgenden Sammlungen: DZ Bank Collection, Frankfurt am Main, DekaBank, Frankfurt am Main, UniCredit Bank AG, München, ING Bank Collection, Rotterdam, The Lumiere Brothers Center for Photography, Moskau, Metropolitan Museum of Art, New York, Harvard Art Museum, Boston, Princeton University Art Museum, Fitchburg Art Museum.

Mareike Foecking (geb. 1966 in Burgsteinfurt, lebt in Düsseldorf) hat an den Kunstakademien Münster (1986/87) und Düsseldorf (1988–1994) studiert, dort als Meisterschülerin von Magdalena Jetelová. Als Professorin für Fotografie und Design lehrte sie an der Hochschule für Künste Bremen (2009–2011) und an der Fachhochschule Dortmund (2011–2014). Seit 2014 ist sie Professorin und Senatsmitglied der Hochschule Düsseldorf, Peter Behrens School of Art; 2018 war sie Visiting Scholar der Stanford University. Foecking ist Mitglied des Chaos Computer Clubs sowie der Deutschen Gesellschaft für Photographie, Beraterin der Duesseldorf Photo und seit 2013 Initiatorin zahlreicher Konferenzen, Symposien, Workshops und Talks zum Status Quo von Medienöffentlichkeit und Fotografie. Zu ihren wichtigsten Präsentationen zählten die Einzelausstellung *Reality hung up so I called* (2016) im NRW-Forum Düsseldorf sowie das Projekt *Macht zeigen* (2010) im Deutschen Historischen Museum, Berlin.

Stephanie Kiwitt (born 1972 in Bonn, lives in Brussels) studied at the Institute of Creative Photography in Opava, Czech Republic (1994–98), the Potsdam University of Applied Sciences (1995–97), and the Academy of Fine Arts in Leipzig (1997–2007), where she was a master student of Timm Rautert. Kiwitt has received various scholarships and awards and presented her work in solo exhibitions at Spot Gallery, Zagreb (2019); P5, Gent (2019); KV – Verein für zeitgenössische Kunst Leipzig (2018); Rencontres de la Photographie, Arles (2016); Riot Gallery, Ghent (2015); Kunstverein Pforzheim (2015); Galerie Weingrüll, Karlsruhe (2013); kjubh Kunstverein, Cologne (2011); Galerie für zeitgenössische Kunst, Leipzig (2010); Galerie b2, Leipzig (2009); La Traverse, Marseille (2007); C/O Berlin (2006); and Kunstmuseum Bonn (2003). Kiwitt's photographic art publications include *Máj/My* (Spector Books, 2018), *Four Oranges, Some Office Buildings, Woman's Legs* (APE, 2015), *Choco Choco* (Lubok, 2015), *Wondelgemse Meersen* (Kodoji, 2012), *Capital Decor* (Kodoji, 2011), and *Cornerville* (Editions GwinZegal, 2008).

Julian Faulhaber (born 1975 in Würzburg, lives in Berlin): After several assistantships in Frankfurt am Main he studied at the Dortmund University of Applied Sciences and Arts from 1999 to 2006 and later also taught there. Further lectureships followed at the University of the Arts Bremen, the Academy of Visual Arts Frankfurt, the University of Fine Arts Hamburg, and the University of Applied Sciences and Arts in Hildesheim. Faulhaber has received various scholarships and awards and has had solo exhibitions in galleries in Frankfurt am Main, Cologne, Berlin, Hamburg, Rome, New York, and Washington, D.C., as well as in institutions such as the Kunstverein Recklinghausen, the Kunsthaus Erfurt, and the Goethe Institutes in Hungary and Hong Kong. Works by Julian Faulhaber can be found in the following collections, among others: DZ Bank Collection, Frankfurt am Main; DekaBank, Frankfurt am Main; UniCredit Bank AG, Munich; ING Bank Collection, Rotterdam; The Lumiere Brothers Center for Photography, Moscow; The Metropolitan Museum of Art, New York; the Harvard Art Museum, Boston; the Princeton University Art Museum, and the Fitchburg Art Museum, Massachusetts.

Mareike Foecking (born 1966 in Burgsteinfurt, lives in Düsseldorf) studied at the academies of art in Münster (1986/87) and Düsseldorf (1988–94), where she was a master student of Magdalena Jetelová. As Professor for Photography and Design, she taught at the University of the Arts Bremen (2009–11) and the Dortmund University of Applied Sciences and Arts (2011–14). Since 2014, she has been a professor and member of the senate at the Peter Behrens School of Art in Düsseldorf; in 2018 she was a visiting scholar at Stanford University. Foecking is a member of the Chaos Computer Club and the Deutsche Gesellschaft für Photographie, a consultant for Duesseldorf Photo, and since 2013 an initiator of numerous conferences, symposia, workshops, and talks on the status quo of media publicity and photography. Her most important presentations included the solo exhibition *Reality hung up so I called* at the NRW-Forum in Düsseldorf (2016) and the project *Macht zeigen* at the Deutsches Historisches Museum in Berlin (2010).

Nikolaus Koliusis (geb. 1953 in Salzburg, lebt in Stuttgart) war in den 1970er-Jahren als gelernter Fotograf für ein internationales Architekturbüro tätig und entwickelte noch vor der digitalen Technik im Rahmen eines Forschungsprojekts an der Universität Stuttgart die Simulationsfotografie im Planungsverfahren. Daraus folgte eine Dozentur an der Staatlichen Akademie der Bildenden Künste Stuttgart (1973–1978). Nach einem Aufenthalt in New York City (1978/79) und einer Zusammenarbeit mit John Cage und William Anastasi wandte sich Koliusis von der reinen Fotografie ab und konzentrierte sich fortan auf architekturbezogene Projekte. 1980 erhielt er ein Stipendium des Kulturkreises im Bund der Deutschen Industrie und 1983 fand seine erste Einzelausstellung in der Städtischen Galerie im Lenbachhaus, München, statt. Nach einem Japanaufenthalt war er erneut Dozent an der Staatlichen Akademie der Bildenden Künste Stuttgart (1989–1992) und plante in Zusammenarbeit mit Jan Hoet sein Projekt *Netz, das die Kunst schützt …* für die *documenta IX* (1992), in dessen Folge er eine Gastprofessur an der Gesamthochschule Kassel annahm (1992/93). Seit Mitte der 1990er-Jahre wird sein Werk vermehrt im Umfeld der konkreten Kunst wahrgenommen und greift zugleich zunehmend in gesellschaftliche Bedeutungsräume aus: Krankenhäuser, Hospize, Theater, Büro- und Arbeitsräume zählen zu den Auftragsfeldern, in denen Koliusis architektonische Strukturen und menschliche Beziehungen durch ortsspezifische Installationen zusammenbringt. 1999 erhielt Koliusis für sein Gesamtwerk den Kunstpreis des Freundeskreises Artheon, 2005 den Architekturpreis Renault Traffic Award für die permanente Installation *50 km/h* im Autotunnel unter dem Kunstmuseum Stuttgart und 2012 den 1. Preis im Realisierungswettbewerb zum Gedenkort für die Opfer der Aktion T4 am Geschichtsort Tiergartenstr. 4, Berlin (mit Ursula Wilms und Heinz W. Hallmann; realisiert 2015). Das Museum DKM in Duisburg präsentierte 2017/18 eine Retrospektive von Koliusis' Werken, die sich auch in Sammlungen in Europa, Japan, USA und Kanada befinden.

ZUM AUTOR

Holger Kube Ventura (geb. 1966 in Dreieich, lebt in Tübingen) ist Kunstwissenschaftler, Ausstellungsmacher, Kulturmanager und derzeit Leiter des Kunstmuseums Reutlingen / konkret. 2016/17 war er künstlerischer Vorstand der Stiftung Kunsthalle Tübingen, 2009–2014 Direktor des Frankfurter Kunstvereins, 2004–2009 Projekt- und Programmkoordinator der Kulturstiftung des Bundes, 2001–2003 Direktor der Werkleitz Gesellschaft, zuvor Kurator im Vorstand des Kasseler Kunstvereins sowie beim Kasseler Dokumentarfilm- & Videofest. Seit 1996 kuratierte er zahlreiche Großprojekte, zu seinen wichtigsten Publikationen zählt die Studie *Politische Kunst Begriffe* (2002).

Nikolaus Koliusis (born 1953 in Salzburg, lives in Stuttgart): As a trained photographer, he worked for an international architectural firm in the 1970s. Even before digital technology was introduced, he was devel-op-ing simulation photography in architects' planning methods as part of a research project at the University of Stuttgart. This was followed by a lectureship at the State Academy of Fine Arts in Stuttgart (1973–78). After a stay in New York City (1978/79) and a collaboration with John Cage and William Anastasi, Koliusis turned away from pure photography and concentrated on architecture-related projects. In 1980, he received a scholarship from the Kulturkreis im Bund der Deutschen Industrie. In 1983, his first solo exhibition took place at the Städtische Galerie im Lenbachhaus in Munich. After a stay in Japan, he was again a lecturer at the State Academy of Fine Arts in Stuttgart (1989–92) and, in collaboration with Jan Hoet, planned his project *Netz, das die Kunst schützt...* for *documenta IX* (1992), in the wake of which he accepted a guest professorship at the University of Kassel (1992/93). Since the mid-1990s, his work has increasingly been perceived in the context of concrete art, while at the same time increasingly reaching out into social significant spaces; Hospitals, hospices and theatres, as well as office and work spaces, are among the sites in which Coliusis brings together architectural structures and human relationships through site-specific installations. In 1999, Koliusis received the Art Prize of the Freundeskreis Artheon for his life's work, in 2005 the Renault Traffic Award for his permanent installation *50 km/h* in the car tunnel under the Kunstmuseum Stuttgart, and in 2012 the first prize in the competition for the realization of a memorial site for the victims of the action T4 at the historical site at Tiergartenstrasse 4 in Berlin (together with Ursula Wilms and Heinz W. Hallmann; realized in 2015). In 2017/18, the DKM Museum in Duisburg presented a retrospective of Koliusis' works. His works can be found in collections in Europe, Japan, the USA, and Canada.

ON THE AUTHOR

Holger Kube Ventura (born 1966 in Dreieich, lives in Tübingen) is an art historian, curator, culture manager and currently director of the Kunstmuseum Reutlingen / konkret. 2016–17 he was artistic chief executive officer of the Stiftung Kunsthalle Tübingen, 2009–14 director of the Frankfurter Kunstverein, 2004–09 project and programme coordinator of the Kulturstiftung des Bundes, 2001–03 director of the Werkleitz Gesellschaft. Prior to this he was curator on the board of the Kasseler Kunstverein as well as for the Kasseler Dokumentarfilm- & Videofest. Since 1996 he curated numerous large projects. The study *Politische Kunst Begriffe* (2002) is probably his most important publication.

IMPRESSUM UND DANK / COLOPHON AND ACKNOWLEDGEMENTS

Ausstellung / Exhibition

Diese Publikation erscheint zur Ausstellung / Published on the occasion of the exhibition
An Ort und Stelle. Fotografie des Gegenwärtigen / On the Spot. Photography of Presence
14. Dezember 2019 – 19. April 2020
Kunstmuseum Reutlingen / konkret
Wandel-Hallen, Eberhardstr. 14, D-72764 Reutlingen
www.kunstmuseum-reutlingen.de

Leitung / Director Kunstmuseum Reutlingen: Ina Dinter
Leitung / Director Kunstmuseum Reutlingen / konkret und Kurator / and curator: Holger Kube Ventura
Leihgeber*innen / Lenders: Rick van Aerssen, Frankfurt (S. / pp. 40–41), Privatsammlung Würzburg (S. / pp. 46–47), Galerie Klemm's, Berlin (S. / pp. 23–35), Galerie Kuckei + Kuckei, Berlin (S. / pp. 42–45, 48–49).
Projektkoordination und -kommunikation / Project coordinator and communication: Stefanie Kogler-Heimburger
Kunstvermittlung / Education: Kerstin Rilling
Sekretariat / Office Management: Karin Aupperlen, Claudia Failenschmid
Museums- und Ausstellungstechnik / Technical museum and exhibition management: Ben Feher mit / and Günther Brändle, Bettina Gaede, Werner Nägele
Restauratorische Betreuung / Conservation: Gundi Haussmann

Dank an alle weiteren Unterstützer*innen und Mitwirkenden des Ausstellungsprojekts / Special thanks to all others who supported and worked on the exhibition project: Stefan Beuter, Nicole Ehebald, Julian Faulhaber, Mareike Foecking, Ralf Gottschlich, HSL Fachlabor Düsseldorf, Thomas Keck, Maren Keß-Hälbig, Stephanie Kiwitt, Galerie Klemm's, Martina Köser-Rudolph, Nikolaus Koliusis, Galerie Kuckei + Kuckei, Adriana Loewe, Katharina Neuburger, Barbara Probst, Carmen Reichmuth, Wolfgang Zurborn

KUNSTMUSEUM
REUTLINGEN
KONKRET

Reutlingen

Publikation / Publication

Die Deutsche Nationalbibliothek verzeichnet diese Publikation in der Deutschen Nationalbibliografie; detaillierte bibliografische Daten sind im Internet über http://dnb.dnb.de abrufbar.
The Deutsche Nationalbibliothek lists this publication in the Deutsche Nationalbibliografie; detailed bibliographic data is available on the Internet at http://dnb.dnb.de.

Holger Kube Ventura
Fotografie des Gegenwärtigen / Photography of Presence
Berlin: edition cantz, 2019

Gestaltung / Graphic design: Klaus Bossert
Übersetzung / Translation: Gérard Goodrow
Lektorat / Copy editing: Karin Osbahr
Lithografie / Reproductions: Cantz Medienmanagement, Esslingen
Produktion / Production management: edition cantz
Gesamtherstellung / Printing and binding: Dr. Cantz'sche Druckerei Medien GmbH, Esslingen

Vertrieb und Marketing / Distribution and marketing: edition cantz, sales@edition-cantz.de

ISBN 978-3-947563-62-3
Printed in Germany

Erschienen bei / Published by: edition cantz, www.edition-cantz.de

edition cantz

Umschlagabbildungen / Cover illustrations, vorne / front: Wolfgang Zurborn, O. T., Köln, 2005, aus der Serie / from the series *Catch*; hinten / back: Julian Faulhaber, *Restaurant*, 2004, aus der Serie / from the series *LDPE*